IBRASA

LIVROS QUE
CONSTROEM

Biblioteca "ÊXITO" — 45

Volumes publicados:

1.	*Do Fracasso ao Sucesso na Arte de Vender*	Frank Bettger
2.	*As Cinco Grandes Regras do Bom Vendedor*	Percy H. Whiting
3.	*Vença Pelo Poder Emocional*	Eugene J. Benge
4.	*Do Fracasso ao Sucesso na Arte de Viver*	Harold Sherman
5.	*A Arte de Vender Para a Mulher*	Janet Wolf
6.	*TNT —Nossa Força Interior*	H. Sherman/C. Bristol
7.	*O Segredo da Eficiência Pessoal*	Donald A. Laird
8.	*Realize Suas Aspirações*	Elmer Wheeler
9.	*Dinamize Sua Personalidade*	Elmer Wheeler
10.	*Vença Pela Força do Pensamento Positivo*	Pierre Vachet
11.	*Venda Mais e Melhor*	W. K. Lewis
12.	*A Chave do Sucesso*	W. G. Damroth
13.	*Os Sete Segredos Que Vendem*	E. J. Hegarty
14.	*O Poder da Psicologia Positiva*	Napoleon Hill
15.	*Psicologia Aplicada na Arte de Vender*	Donald Laird/E. G. Laird
16.	*Grandes Problemas e Grandes Soluções do Vendedor Moderno*	Percy H. Whiting
17.	*Ajuda-te Pela Cibernética Mental*	U. S. Andersen
18.	*Super TNT —Liberte Suas Forças Interiores*	Harold Sherman
19.	*O Poder da Comunicação*	J. V. Cervey
20.	*O Poder da Cibernética Mental*	R. Eugene Nichols
21.	*Leis Dinâmicas da Prosperidade*	Catherine Ponder
22.	*Leitura Dinâmica em 7 Dias*	William S. Schaill
23.	*A Psicologia da Comunicação*	Jesses S. Nirenberg
24.	*Criatividade Profissional*	Eugene von Fange
25.	*O Poder Criador da Mente*	Alex F. Osborn
26.	*Arte e Ciência da Criatividade*	George F. Kneller
27.	*Use o Poder de Sua Mente*	David J. Schwartz
28.	*Para Enriquecer Pense Como Um Milionário*	Howard E. Hill
29.	*Desperte Sua Força Mental*	Alex F. Osborn
30.	*Criatividade —Progresso e Potencial*	Calvin W. Taylor
31.	*Criatividade —Medidas, Testes e Avaliações*	E. Paul Torrance
32.	*Psicologia, Técnica e Práticas de Vendas*	Constantino Grecco
33.	*Vença Pela Fé*	Gordon Dowell
34.	*Idéias Para Vencer*	Myron S. Allen
35.	*A Força do Poder Interior*	J. J. McMahon
36.	*O Líder — Volume I*	Ilie Gilbert
37.	*Gerência de Lojas*	Constantino Grecco
38.	*O Líder — Volume II*	Ilie Gilbert
39.	*Viver Agora*	Joel S. Goldsmith
40.	*O Líder — Volume III*	Ilie Gilbert
41.	*Nos Bastidores da Venda*	I. R. Petrarca Bocchino
42.	*Manual de Criatividade*	Mauro Rodrigues
43.	*A Alegria do Triunfo*	Patrick Estrade
44.	*Ajuda-te Pela Magia*	José M. N. Santamaria

LIDERANÇA COM SUCESSO

Dados Internacionais de Catalogação na Publicação (CIP)
(Câmara Brasileira do Livro, SP, Brasil)

Furini, Isabel Florinda
Liderança com sucesso / Isabel F. Furini. —
São Paulo : IBRASA, 1994.

1. Liderança I. Título.

93-3556 CDD-158.4

Índices para catálogo sistemático:

1. Liderança : Psicologia aplicada 158.4

LIDERANÇA COM SUCESSO

ISABEL F. FURINI

IBRASA
INSTITUIÇÃO BRASILEIRA DE DIFUSÃO CULTURAL LTDA.
SÃO PAULO

IBRASA
INSTITUIÇÃO BRASILEIRA DE DIFUSÃO CULTURAL LTDA.

Rua. Treze de Maio, 446 - Bela Vista
01327-000 - São Paulo - SP

Capa de
MAURICIUS M. MARTINO

Fotocomposição e paginação
Factash Fotocomposição Ltda.

Fotolitos
Binho's Fotolito

Publicado em 2010

IMPRESSO NO BRASIL

PRINTED IN BRAZIL

Sumário

Oração do Líder

Ajuda-me, Senhor, a cultivar pensamentos positivos e a tomar atitudes corretas. A servir sem orgulho, a progredir sem esmagar ninguém, a percorrer um caminho limpo.

Ajuda-me, Senhor, a esquecer as mágoas para viver livre e feliz. A fechar os ouvidos às críticas maldosas e a nunca proferir uma calúnia.

A não assumir atitude de vítima, a evitar a autocompaixão. Auxilia-me, também, a não tiranizar os que me rodeiam. Ajuda-me, Senhor, a perceber a verdade. Não deixes que eu me iluda nem pelas palavras nem pelas aparências das coisas.

Orienta-me na solidão e ensina-me a gostar do silêncio.

Liberta-me do desejo de querer aparecer, sobressair, estar sempre em primeiro lugar; de querer dizer sempre a palavra especial ou pretender ser o dono da verdade.

Liberta-me do pedantismo, da falsa cultura que só recolhe informações e soma os dados, mas sem equacioná-los sob a direção da sabedoria, tornando-os impróprios para a vida.

Dá-me, Senhor, só algumas gotas de sabedoria do teu manancial infinito para poder compreender e reger minha vida pela justiça.

Ilumina-me para compreender sem arrogância, sem necessidade de comparar-me aos outros nem de competir.

Ajuda-me a não ser impiedoso em meu afã de justiça. A ver meu próprio dever e cumpri-lo com alegria. A perceber meus próprios erros com objetividade.

Ajuda-me a ter um coração otimista, um coração generoso e um coração puro.

Ampara-me para não dar importância à opinião alheia e para viver com dignidade, segundo meu próprio valor moral.

Ajuda-me a não me deixar cegar nem pela busca de confortos materiais, nem pela procura do aplauso, nem pelo desejo de derrotar outros na rude competição pela vida.

Abre meus olhos para a bondade e nunca deixes que eles se fechem.

Ajuda-me a ter coragem para tomar decisões difíceis, a me apoiar em meus próprios pés e a não culpar os outros pelas minhas derrotas. Mais ainda, ajuda-me a aprender com meus fracassos. A reconhecer e a seguir os instintos superiores de minha alma. Que eu possa, como uma árvore, crescer para a luz.

Que eu nunca fique triste, porque as possibilidades de triunfo estão em todas as partes. Que eu nunca menospreze os outros, porque em todos arde o fogo divino.

Ensurdece-me para os gritos de ódio, para as críticas maldosas, para as palavras de impiedade.

Dá-me sensibilidade auditiva para escutar o canto da reconstrução. Dá-me otimismo para acreditar. Dá-me forças para transformar esse canto em realidade. Dá-me forças... forças... forças...

Dá-me o poder de acreditar! O poder de reconstruir! O poder de mudar!

Isabel Furini

CAPÍTULO I

Introdução

Como o Líder Percebe o Mundo?

Introdução

Liderar é, ao mesmo tempo, arte e ciência. O esquema vem de longe, já que grandes chefes — como Júlio César e Napoleão — deixaram suas marcas na areia da história em virtude da sua capacidade de liderança.

No momento atual, porém, existem muitos líderes inseguros, pois a competição nas diferentes áreas de trabalho aumentou consideravelmente nos últimos tempos e a necessidade de manter-se à testa de uma profissão e continuar liderando é tarefa que exige um esforço inteligente e concentrado.

Cada grupo, cada organização assemelham organismos vivos: precisam alimentar-se, crescer e, se não são bem cuidados, também morrem (no caso de uma empresa, ela encerra suas atividades). Dentro desses organismos, o chefe representa a cabeça: deve dirigir e comandar. Parece uma tarefa agradável, mas nem sempre é, pois um *cargo* determinado pode também transformar-se numa *carga* difícil de suportar.

Este livro foi escrito para aqueles que necessitam liderar ou que estão encontrando alguma dificuldade no seu trabalho de liderança. Nosso objetivo é simples: oferecer algumas sugestões aplicáveis na prática dos fatos.

Mas, como dizíamos no começo, liderança é arte; necessita de estudo, inspiração e originalidade. E é também ciência; portanto, requer estudo, observação e pesquisa. Um bom chefe é também um psicólogo prático (ainda que não domine os termos técnicos da psicologia atual), é um filósofo em potencial e, até, um político em ação. Precisa ter carisma, inteligência e objetividade.

O caminho da arte é difícil e em liderança, como em qualquer outra arte, chegar a um grau elevado não é tarefa fácil. Conheço grandes líderes que nunca param de se preparar porque acreditam que ainda têm muito para aprender. São os que mais se destacam, pois quando alguém está subindo uma montanha e chega até o topo, passada a emoção de ter atingido as alturas, é obrigado a descer. Mas aqueles que fazem de cada chegada um ponto de partida para um alvo maior continuam a aprender constantemente, sem nunca esgotar-se.

Lembremos o caso do artista japonês Hokusai que, depois de anos dedicados à pintura, após o reconhecimento geral de sua genialidade e próximo da morte, disse: “Dez anos mais, ainda... Suplico ao céu que me outorgue tão-somente cinco anos para chegar a ser um grande artista...” O mesmo acontece com o verdadeiro líder: está sempre à procura do conhecimento que o levará a ser mais carismático e liderar com maior eficiência, inclusive nos momentos de crise.

A liderança, como qualquer arte, é o caminho da perfeição. E esta é inatingível. Por isso, o verdadeiro líder não se contenta com um êxito passageiro — ele quer atingir uma vitória real e duradoura.

Para os líderes que lêem este livro, nosso desejo é que o sucesso seja o companheiro de seus esforços... Para isso servem estas páginas, com um aprofundamento na psicologia e na filosofia: para compreender o verdadeiro espírito de liderança.

Como o Líder Percebe o Mundo?

O filósofo Emmanuel Kant dizia: "Vemos as coisas não como elas são, mas sim como nós somos". Assim, quando perguntamos a vários executivos: "Como é ser líder?", o primeiro respondeu: ótimo; o segundo disse que era um desafio e o terceiro confessou que era um tormento.

A música é percebida de formas diversas por diferentes ouvintes. E nada dá mais briga que interrogar várias testemunhas de um acidente de trânsito e perguntar: "Quem foi o culpado?" Cada observador tem sua versão e não é porque desejem enganar, mas porque observam de ângulos diferentes.

O homem não só registra impressões sensoriais com seu cérebro, mas ele interpreta o sentido dessas impressões. Daremos alguns exemplos:

Qual linha é mais comprida? *a* ou *b*?

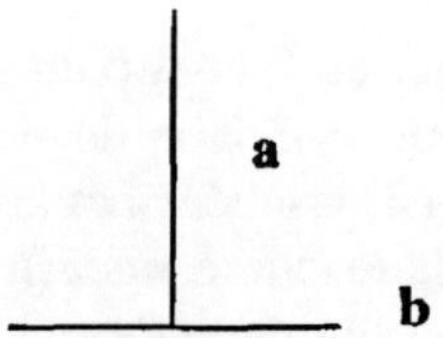

Figura 1

E no caso da Figura 2, o círculo interior de *a* é menor, igual ou maior que o de *b*?

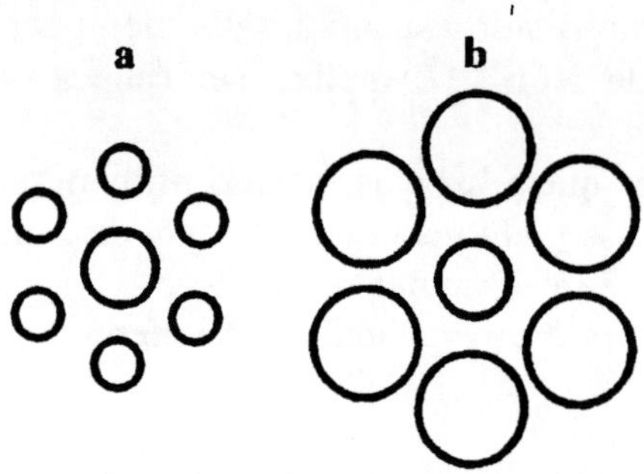

Figura 2

Imaginemos o círculo interior de *a* como uma pessoa: João, e os círculos exteriores pequenos como pessoas menos inteligentes, comparadas com ele. Ao observá-las trabalhando numa equipe, a capacidade de João parece muito superior. Porém, quando colocarmos João com outros indivíduos de inteligência superior, João parece menos capaz do que é na realidade. Da mesma forma, os círculos internos de *a* e *b* são iguais, mas *a* estando rodeado por círculos pequenos, parece maior e *b* ao estar rodeado por círculos maiores, parece menor.

Isto demonstra que nossas noções de capacidade são relativas. Dizemos que um cachorro chihuahua é pequeno, mas se tomamos uma formiga como ponto de referência o chihuahua parecerá um gigante. Porém comparado com um são-bernardo, parece uma miniatura.

Conta-se que Nero, o imperador romano demente que mandou incendiar a cidade de Roma, gostava de comparar-se com os criminosos de seu reino para chegar a uma conclusão: "Eu sou um homem muito bom".

Em certa oportunidade, eu falava com o diretor da filial de uma empresa numa pequena cidade da província de Córdoba (Argentina), que, como eu, também havia nascido em Buenos Aires e lá havia ingressado como encarregado de setor, mas que, quando surgiu a oportunidade de mudar para essa pequena cidade de Córdoba e tornar-se diretor da pequena filial, se candidatou sem titubear. Perguntei se não tinha saudades da cidade grande e se a mudança o havia favorecido. Ele respondeu com um velho ditado espanhol: "Es mejor ser cabeza de ratón que cola de león" (É melhor ser cabeça de rato que cauda de leão).

Todos sabemos que a lua e as estrelas brilham mais quando o sol se põe. Por isso, alguns líderes gostam de ficar sozinhos; na escuridão parecem iluminar mais.

Observe a Figura 3 e responda: a circunferência está deformada ou não?

Figura 3

Bem, em síntese, na Figura 1, *a* e *b* são iguais em tamanho. Na Figura 2, os círculos internos também são iguais e na Figura 3 a circunferência não está deformada, só aparenta estar. A psicologia Gestalt inventou estes e outros desenhos para demonstrar que entre o que vemos e o que interpretamos existem diferenças. E, ainda assim, algumas pessoas continuam a insistir com a velha frase: "Eu só acredito no que vejo".

Todos nós estamos condicionados a olhar o mundo pelo nosso ângulo especial de visão. Nossas possibilidades, nossa própria vida mudaria se mudássemos o ângulo de visão. Prontamente veríamos portas abertas para o sucesso, lá onde não exergávamos nada.

Alguns líderes são otimistas e positivos; outros, receosos e até derrotistas. Os primeiros foram condicionados por estímulos positivos e os segundos, por estímulos negativos. Mas a mente pode ser descondicionada e, depois, ser direcionada construtivamente.

O dr. M. C. Jones fez uma interessante experiência com crianças. Levou os pequenos a uma sala e lhes disse: "Olhem o que tenho para brincar!" e lhes apresentou uma cobra (logicamente, não venenosa). Nenhuma das crianças menores de dois anos se assustou — pelo contrário, brincaram felizes com o réptil. Depois fez entrar na sala uma criança de quatro anos e quando lhe mostrou a cobra, o menino saiu gritando e correndo em busca da proteção materna.

Tudo acontece dentro de nossa mente. É a mente que nos faz temer quando ocupamos um cargo de chefia, é a mente que nos faz temer e até tremer, é a mente a responsável por nossos atos e pela forma como vemos o mundo. Nós criamos uma atmosfera mental e vivemos dentro dela, com alegria ou tristeza, sentindo-nos satisfeitos ou infelizes, triunfadores ou fracassados. Podemos ver, por exemplo, duas pessoas com o mesmo cargo e desenvolvendo trabalhos semelhantes: uma se sente feliz e a outra, infeliz. Como dizia Anatole France: "As coisas, em si, não são nada, o importante é a idéia que temos delas".

Um líder — seja empresarial, religioso ou político —, trabalha com grupos humanos. Quando o líder estiver procurando soluções com sua equipe deve ter em conta não só o cargo de cada colaborador, mas também sua personalidade, sua visão particular, que obrigará a cada um escolher vias diferentes para chegar à mesma meta.

CAPÍTULO II

Liderança: Teoria e Prática
Você Pode Tornar-se um Líder
Lidere com Carisma

Liderança: Teoria e Prática

Ainda que possamos ter teorias interessantes sobre liderança, como, por exemplo, a do líder democrático (capaz de comunicar-se com eficiência, de conseguir colaboração sem pressionar, de persuadir com cortesia) e a do líder autocrático (forte, agressivo e, até certo ponto, tirânico) e podermos observar ainda um terceiro grupo, que apresenta algumas características do primeiro e outras do segundo, estes são apenas conceitos teóricos.

Mas, se algum iniciante perguntar qual é a teoria mais adequada, como veremos no capítulo V (*Os Sete Tipos de Liderança*), o êxito depende mais da personalidade do que do método escolhido, pois é impossível permanecer com uma máscara constantemente; para cada tipo psicológico existe um caminho mais adequado.

Conhecemos uma senhora de meia-idade, dona de uma microempresa. Com seus colaboradores (cerca de uma dúzia) parecia um líder democrático: escutava todos com amabilidade e tratava-os com cortesia; porém, quando o assunto era decidir sobre a empresa, comportava-se como um ditador: só colocava em prática seus próprios planos e nunca permitia a interferência de seus funcionários. Com o mesmo sorriso de sempre, quando alguém dava "palpites" dizia: "Obrigada por ter pensado em nosso trabalho, mas a decisão já foi tomada. Agradeço sua dedicação".

Esta senhora tinha a aparência do chefe democrático e o instinto do chefe autocrático. Mas o que realmente tem importância na prática são os *resultados*. Dizem nos Estados Unidos que nada tem mais êxito que o êxito, e é assim quando se trata de liderança.

Quando as pessoas iniciam uma tarefa, é para realizá-la com sucesso; daí o valor primordial dos *resultados* positivos. Se o chefe for autocrático e triunfar, dir-se-á que tem capacidade de tomar decisões e é carismático; se errar, será simplesmente acusado de tirano. Se o chefe for democrático e tiver sucesso, comentarão que escuta os outros e escolhe com inteligência a melhor proposta; mas, se errar, será criticado por ser fraco demais e deixar que todo mundo dê sua opinião, ficando perdido em um mar de palavras.

Por isso, as teorias ajudam a compreender a realidade mas, quando se afastam dela, simplesmente criam confusão. E não nos enganemos: as pessoas querem fatos e quem conseguir triunfar será aplaudido apesar de seus defeitos, enquanto quem fracassar será criticado apesar de seus acertos. O mundo do líder é um mundo de resultados, e antes de liderar deve-se estar consciente disso.

Na Roma antiga, observando a humilhação dos fracassados diante da arrogância dos vitoriosos, alguém disse: "Ai dos vencidos!" Descontando as diferenças de tempo e lugar, essa frase também poderia ser pronunciada hoje.

O ser humano necessitou de muitos projetos, dedicação e experiência para chegar à civilização atual. Pois bem, os nomes dos fracassados não são lembrados nem nos esportes, nem na política, nem na vida empresarial. É o sucesso o que realmente empolga, é o sucesso o que torna perene o nome do líder.

Você Pode Tornar-se um Líder

O início de qualquer reunião é um momento importante na formação da atmosfera grupal. Fundamentalmente, pode-se dividir as atitudes do grupo em três tipos básicos de comportamento: *a*) de aproximação, quando existe uma atmosfera simpática e o pessoal deseja cooperar; *b*) de rejeição, quando se sente agressividade no ar, os participantes estão em pé de guerra e *c*) de indiferença, quando os presentes estão desinteressados, cansados e não participam das propostas do líder.

A atitude do dirigente, o modo como apresenta o assunto, o tempo que fala, sua segurança, a exposição do que espera dos componentes do grupo, sua filosofia de trabalho são fatores importantes para a criação de um bom ambiente.

Em primeiro lugar, é preciso saber se a parte física foi bem cuidada. Por exemplo, se as instalações favorecem a tarefa; se o arranjo dos móveis, as cores, a iluminação e a ventilação da sala são bons. Caso a sala seja pequena e quente, a reunião realizada em dia de verão poderá ser comprometida, chegando até ao fracasso, pois os presentes ficarão mais interessados em respirar um pouco de ar fresco do que nas propostas de trabalho apresentadas.

O aspecto psicológico dos indivíduos também deve ser levado em conta. Durante a reunião de diretoria é preciso analisar o comportamento grupal. A participação pode ser estudada em termos de quantidade (quantos membros participam), intensidade (a freqüência e interesse de suas intervenções), tipos de manifestação (como os indivíduos respondem entre si). Evitar que poucas pessoas monopolizem a reunião. É necessário dar oportunidade de participação a todos.

As alocuções ou discursos que serão apresentados na reunião precisam ser cuidadosamente estudados. Churchill, o grande líder inglês, considerado um dos melhores oradores do nosso século, sempre preparou com extrema atenção seus brilhantes discursos. Um bom comandante sabe criar estratégias e não deixa nada acontecer por acaso. O bom líder sabe pensar, decidir e realizar.

O êxito do líder, para poder influenciar os seus subordinados, depende do que ele é, do que faz e diz.

O chefe imprime às atividades do grupo uma orientação pessoal; por isso, não pode ter uma personalidade inibida. Ele é ouvido, aplaudido ou vituperado, mas precisa estar sempre preparado para a luta, para o debate, para o desafio. O líder é o porta-voz dos ideais do grupo.

O homem tem uma grande tendência a personalizar aquilo que lhe parece maior que ele próprio. Assim, toda grande idéia ou conceito é interpretado por seus seguidores por intermédio de seu líder. O chefe passa a ser um símbolo; às vezes até perde suas características pessoais para assumir as do espírito coletivo, como acontece com líderes políticos e religiosos.

Os problemas de timidez e de insegurança estão acompanhados de indecisão e de inconsistência. O chefe indeciso, que não sabe como agir, vai perdendo poder sobre seus subordinados. Quando não exprime com nitidez o pensamento e nem enfrenta situações problemáticas, torna-se acomodado. E acaba deixando todos os seus seguidores desorientados e sem fé.

Quando procuramos o porquê desta atitude, geralmente chegamos a uma insegurança interna. Por isso, nesses casos o trabalho mais importante é o do indivíduo consigo mesmo, para criar maior autoconfiança.

Os grandes chefes, como Napoleão, Lincoln, Júlio César ou Cromwell, fundamentaram seu poder sobre uma inabalável decisão. Sabemos que Napoleão passou de jovem tímido a líder seguro e forte. Pois bem, a irresolução pode ter efeitos desastrosos e fazer perder a influência sobre os outros.

No caso específico de Napoleão, ele explicou a sua prática: ouvia toda a gente, provocava opiniões, permitia que cada um falasse com toda a liberdade. Depois, decidia sozinho — e podia fazer isso, pois possuía confiança e segurança no seu próprio critério.

Lidere com Carisma

Para muitos, aceitar um cargo de chefia é o começo de um novo aprendizado, o caminho da liderança. Todo guia está ocupando o lugar de líder de uma área: dirige e comanda.

Sabemos que o líder influencia o grupo por meio das palavras ou de obras. Está numa posição relevante, com responsabilidades. É notado pelos demais. Aquilo que fala e realiza pode ser aplaudido, seguido ou criticado. Para ser chefe de sucesso é necessário uma personalidade forte, competência no trabalho e domínio de si mesmo.

Basicamente, podemos dividir os líderes em dois grupos: o dominador ou autoritário e o humanista ou democrático. O primeiro é prático e realista e está orientado para uma meta específica. O segundo é atencioso, trata das situações com tempo e cortesia. Logicamente, o melhor é aquele que consegue reunir as qualidades de ambos, dando ao cumprimento de seus difíceis objetivos uma filosofia humanista.

Existem pessoas que têm uma predisposição natural para comandar. Foi talvez observando-as que Aristóteles disse: "Há homens que nasceram para mandar e outros para obedecer". Mas a divisão não pode ser assim estrita e limitada, porque sabemos que o ser humano pode desenvolver-se numa determinada área quando é treinado.

Os indivíduos que já nascem com carisma possuem pensamento rápido, falam frases eloqüentes e tomam decisões corretas. São fortes e autoconfiantes e nos diferentes grupos se comportam como o Sol em relação aos planetas: sempre ocupam o centro.

Não se pode negar que alguns homens se projetam e conseguem exercer poderosa influência sobre seus semelhantes, mas este poder de magnetismo pessoal existe em todos, só que em alguns está desperto e, em outros, em estado latente.

Toda criança sadia é capaz de desenvolver suas potencialidades e, com o tempo, assumir o seu papel na vida; ainda, se for o caso, exercer com êxito um cargo de dirigente. Algumas pessoas podem ter mais predisposição para o mando que outras, mas com um treinamento adequado qualquer um em condições normais pode melhorar sua comunicação com os outros, falar de maneira eficiente e liderar com êxito.

Quando Filonico da Tessália trouxe um cavalo para vendêlo a Filipe da Macedônia, ninguém conseguiu montá-lo. Foi considerado selvagem e indomável, e Filipe mandou levá-lo embora por considerar impossível amestrá-lo. Mas Alexandre, que estava assistindo, disse: "Que cavalo estão perdendo por covardia!...." E como não parava de resmungar, seu pai propôs que ele mesmo montasse. Alexandre aceitou o desafio, correu até o cavalo e o fez virar para o lado do Sol — tinha reparado que o cavalo se assustava com a própria sombra projetada à sua frente. Depois de acalmá-lo, deu-lhe palmadinhas e lançou-o ao galope. Quando Alexandre voltou para o lado de seu pai, este lhe disse: "Meu filho, procura para ti um reino compatível com o teu valor; a Macedônia é pequena demais para ti".

O bom líder, como fez Alexandre Magno, sabe lidar com situações difíceis e está sempre dando atenção aos detalhes que revelem elementos importantes, seja sobre homens ou animais, sobre coisas ou acontecimentos. Como um bom investigador policial não se deixa levar pelas aparências, mas procura com habilidade detalhes que o levem a descobrir uma pista segura, assim também o chefe não se conforma com ver as coisas em seu aspecto exterior, mas busca as causas.

CAPÍTULO III

Motivação
Como Dar uma Ordem?
Conhecendo Outrem
Como Delegar Tarefas?
Liderança e Manipulação

Motivação

Quais são suas necessidades? Alimentar-se, higienizar-se? Cuidar de sua saúde? Só? Ou também está entre suas necessidades ter um carro do ano, vestir-se de acordo com a moda e beber uísque importado?

Para saber motivar devemos primeiro conhecer as necessidades pessoais. Existem dois tipos de necessidades: as primárias ou fundamentais (alimentação, vestuário, moradia) e as secundárias, chamadas, às vezes, de "quase necessidades", pois derivam das possibilidades do meio ambiente e estão relacionadas com a ambição pessoal. Um jovem africano que vive numa tribo com uma forma de vida primitiva, muito parecida com a de seus ancestrais, tem as mesmas necessidades primárias que um jovem civilizado (alimentação, casa), mas não pode ter as mesmas "quase necessidades" ou necessidades secundárias que os rapazes que conhecemos. Uma amiga, por exemplo, comentava que teve de trocar o carro antigo por um modelo mais novo, pois seu filho adolescente se negava a viajar naquela "velharia", sentia vergonha do que os amigos poderiam dizer.

Então, dos tipos de necessidades derivam os dois tipos de motivação. A primeira aparece quando o indivíduo carece de algum elemento necessário à sua sobrevivência. A segunda depende do *status* ou do tipo de vida que escolher viver.

As "quase necessidades" são assimiladas do meio ambiente. Maiores possibilidades econômicas, maior quantidade de "quase necessidades". A jovem rica precisa exibir suas roupas e jóias, enquanto para uma camponesa um vestido "de domingo" é suficiente.

Mas... como motivar? O chefe pode motivar o pessoal a trabalhar com eficiência dando um incentivo que pode ser material (aumento de salário) ou imaterial (um elogio, um cargo superior).

Entre as motivações do trabalho temos as seguintes:

a) o desejo de ganhos maiores;
b) o desafio da tarefa;
c) o *status*;
d) o desejo de liderar;
e) o desejo de realizar um trabalho útil;
f) a possibilidade de aprender;
g) o desejo de auto-expressão;
h) a competição;
i) o desejo de auto-aperfeiçoamento;
j) o desejo de ser reconhecido.

A pessoa pode motivar-se por um estímulo externo: dinheiro, casa própria, etc.; por uma situação: trabalhar em outra cidade ou com um cargo hierarquicamente superior, ou, simplesmente, por um elemento interno, como vontade de progredir, orgulho de realizar bem as tarefas, etc.

Os indivíduos desejam ganhar e temem perder os privilégios; por isso, as duas formas de motivação mais importantes são a recompensa e o castigo. Até para amestrar os animais no circo se utiliza este sistema: quando os animais respondem corretamente ao estímulo do domador são premiados; caso contrário, são castigados. O mesmo acontece com as crianças, e até nas sofisticadas indústrias é utilizado o mesmo método: dinheiro, promoção, elogios são formas diferentes de premiar o bom funcionário.

Com referência ao elogio, ressaltemos que ele pode ser uma faca de dois gumes, pois, se bem que o elogio estimule a autoconfiança de quem o recebe e proporcione satisfação imediata, também pode despertar o orgulho e até deixar a pessoa "viciada", ou seja, só se dedica ao trabalho quando é elogiada. O elogio mal utilizado pode transformar os subordinados em indivíduos dependentes, semelhantes a crianças mimadas. Muitas vezes, porém, um elogio sincero e prudente pode ser uma boa motivação. Deve-se evitar sempre o elogio barato, falso ou espalhafatoso.

O bom líder deve colocar a ênfase nos pontos positivos de seus subordinados. Isto não quer dizer que vá ignorar que está lidando com seres humanos com defeitos e limitações, mas vai incentivar as potencialidades positivas, deixando de lado, enquanto puder, as negativas. Valorizando os outros, o bom chefe valoriza também a si mesmo.

O líder deve ter uma sadia filosofia de vida, procurando o bem em cada pessoa, situação ou coisa. Existe uma força positiva que direciona a natureza. Consciente desse poder, o dirigente tenta ajudar com otimismo para que o aspecto positivo do mundo possa, ao menos a seus olhos, sobrepor-se ao negativo.

Com referência ao castigo ou ação disciplinar, sempre é bom partir da premissa de que o funcionário cometeu um erro ou se omitiu sem intencionalidade. Esse pensamento ajudará a manter um diálogo em nível elevado e evitará que recorramos a gritarias ou atitudes primárias.

Faltas como atrasos, ingestão de bebida alcoólica no local de trabalho, roubos, desobediência, violação das normas de segurança da empresa, etc., devem ser repreendidas oralmente ou por escrito e, se o caso for muito grave ou se já não é a primeira advertência, pode-se chegar à suspensão ou demissão.

A repreensão deve ser clara e objetiva; não adianta gritar ou vociferar, nem cair na transigência com o objetivo de ser agradável.

Deve-se evitar falar de forma pessoal. O que importa é a falta cometida, e não quem a cometeu. O chefe deve demonstrar que é imparcial. Devem ser evitadas atitudes egocêntricas; quem repreende não deve se colocar como modelo nem elogiar-se, afirmando que nunca agiria daquela maneira.

Examine cuidadosamente a gravidade da falta para evitar exagerar no castigo. Por último, coloque-se mentalmente no lugar do outro e veja como gostaria de ser repreendido se você tivesse cometido um erro; evidentemente, com cortesia, com respeito à sua natureza de ser humano.

Numa das aulas de Liderança que ministramos em Curitiba, uma senhora comentava que trabalhava numa empresa desde os 20 anos; já tinha 43, ou seja, havia dedicado 23 anos de sua vida ao trabalho e recolhido muita experiência. Havia ingressado na firma como auxiliar de escritório e, com o tempo, fora escalando posições e já fazia sete anos que era chefe do Departamento de Recursos Humanos. Nunca teve problemas com seu pessoal; se tinha de repreender alguém, fazia-o com imparcialidade e, inclusive, tentando não ferir os sentimentos do outro. "Se eu tenho de suspender alguém por ter chegado atrasado três dias no mês, explico que é o regulamento da empresa que me obriga a tomar tal atitude", esclareceu. Por motivo de saúde permaneceu afastada do trabalho durante três meses e quando voltou encontrou novidades inesperadas. A pessoa que a substituíra estava em pé de guerra, lutando contra todo mundo. Em pouco tempo, compreendeu a situação. A substituta, quando alguém chegava atrasado, gritava frases como esta: "Eu vou acabar com você se chegar tarde outra vez". Enfocava os problemas dos funcionários como uma ofensa pessoal e criava atritos desnecessários.

Deve-se lembrar: é a empresa que exige sejam tomadas medidas disciplinares para o seu bom funcionamento, e não é o chefe, pessoalmente, quem as deseja. Ele apenas teve a desagradável tarefa de se ver obrigado a tomar uma atitude coerente com o regulamento que rege o bom funcionamento da empresa.

Por isso, o líder de sucesso não se deixa envolver na armadilha das emoções. Sabe ser racional e objetivo. Seu sentido de justiça e imparcialidade faz com que responda da maneira mais adequada a cada circunstância.

Como Dar uma Ordem?

Quando falamos, revelamos muito de nosso ser interior, de nossa educação e cultura, não só pelas palavras que utilizamos mas também pela forma como nos expressamos. As inflexões de voz podem acentuar ou suavizar o sentido das frases. Toda excitação transmite-se na voz, no olhar e nos gestos. Por isso, é mais conveniente manter-se sereno, ainda que firme no posicionamento adotado.

É fácil cometer um erro ao dar uma ordem; se tal acontecer, ela será mal recebida pelo subordinado e, embora colocada em prática, caso não possa ignorá-la, ele agirá sem aceitá-la ou fazendo resistência passiva ou ativa, manifestada ou inconfessada.

Os erros mais comuns ao dar uma ordem são os seguintes:

a) Falar muito depressa.
b) Comunicar-se em tom violento ou com volume de voz muito elevado.
c) Ser impulsivo e dar ordens apressadas.
d) Escolher o momento errado (por exemplo, falar diante de pessoas alheias à situação).
e) Dar diversas ordens de uma só vez, sem caracterizar a importância de cada uma delas.

f) Demonstrar ódio pessoal por um funcionário por meio de palavras ou atitudes, criando ordens para uma pessoa específica.
g) Ser incoerente ou desorganizado.
h) Dar ordens mas não dar o exemplo (caso típico do chefe que exige de seus funcionários chegar no horário enquanto ele chega tarde).
i) Falar sem ânimo ou com voz monótona.
j) Utilizar um vocabulário inadequado: arcaísmos, eufemismos, termos de difícil compreensão ou palavras que podem dar lugar a uma interpretação errada.

Esta análise pode nos levar a entender melhor por que certos chefes fracassam e não conseguem ser obedecidos, ou são obedecidos (por coação) mas não recebem cooperação do pessoal.

As seguintes sugestões poderão ajudar a dar ordens com maior êxito:

a) Falar com voz calma, mas com firmeza.
b) Pensar duas vezes antes de dar uma ordem.
c) Escolher ou criar o momento oportuno.
d) Dar uma ordem por vez ou, se forem várias, demonstrar qual é a mais urgente ou importante (comunicá-las em ordem de importância).
e) O chefe deve manter-se imparcial e justo, dar ordens para circunstâncias específicas e não para determinadas pessoas.
f) Deve existir coerência entre a ordem e a atitude adotada.
g) Utilizar um vocabulário adequado, com termos simples mas exatos.

Conhecendo Outrem

Para obter êxito como líder e até para dar uma ordem corretamente, será de grande auxílio saber trabalhar de modo adequado com os colaboradores.

Existem três tipos de pessoas: a *visual*, a *auditiva* e a *cinestésica*. Sabemos que um indivíduo pode ser predominantemente visual — nesse caso, gostará de balé, de fotografia, de artes plásticas, escultura, ao passo que quem é predominantemente auditivo preferirá escutar música a ver televisão.

Conheci uma senhora que confessava necessitar ouvir música da manhã até a noite e se auto-elogiava porque não gostava de assistir TV. Julgava-se mais espiritual que sua vizinha, que segundo ela, vivia "grudada" na televisão. Temos aqui um julgamento errôneo, pois quem gosta ou necessita escutar música é auditivo, enquanto quem prefere assistir TV é visual. Um pode ser tão espiritual quanto o outro, mas cada qual segundo sua tendência.

Para o visual, "uma imagem vale mais que mil palavras", enquanto para um auditivo o som é mais importante que a imagem. Por sua vez, o cinestésico prefere sentir, apalpar, experimentar. "Para que assistir balé", pensa o cinéstesico, "se eu posso dançar?" Ele gosta de participar das coisas, não de ser um simples espectador.

Por exemplo, se temos um encontro na quinta-feira,

O visual dirá: "Te vejo na quinta".
O auditivo: "Falamos na quinta".
O cinestésico: "A gente entra em contato na quinta".

Ao entrar numa empresa, o visual fica encantado com a luminosidade e cores do ambiente, o auditivo gosta de escutar música ambiente e o cinestésico "sente" o ambiente. Depois, os três vão cumprimentar a secretária: o visual fica encantado com o sorriso da moça; o auditivo com a suavidade de sua voz e o cinestésico com seu perfume.

Assim o chefe deverá dar ordens faladas ao auditivo, mas deve preferir ordens escritas para o visual. E, para o cinestésico, deve fazer "sentir" a importância da situação.

O dirigente perguntará:

Ao auditivo: Escutou a ordem?
Ao visual: Viu a ordem?
Ao cinestésico: Percebeu a ordem? ou: Sentiu o que eu queria dizer?

As pessoas também têm tendência à felicidade e fogem do sofrimento. Isto é natural não só no ser humano, mas também nos animais. Para os que tiveram estímulos positivos na vida, a procura do prazer é primordial; para os que sofreram ou foram ameaçados durante muito tempo, fugir da dor é o mais importante.

Conhecedor destas duas tendências, o chefe deverá apresentar seu projeto e entusiasmar a uns demonstrando tudo o que de positivo acontecerá quando for colocado em prática com êxito. Aos outros deverá dar ênfase aos problemas que deverão ser enfrentados caso o projeto fique engavetado ou acabe no cesto de papéis.

E se numa reunião houver pessoas com tendências positivas (busca da felicidade) e negativas (fugindo da dor)? Nesse caso o chefe deverá utilizar o contraste, demonstrando os prós e contras de cada posicionamento.

Um bom comunicador tem o poder de persuadir seus colaboradores, despertando o espírito de cooperação.

Como Delegar Tarefas?

O líder deve delegar a seus funcionários as tarefas que não esteja obrigado a realizar pessoalmente, mas também tem de aprender a transferir responsabilidade e autoridade junto com os trabalhos a serem desenvolvidos. Deve, no entanto, reservar-se o direito de aprovação. É ele — e só ele — que pode, em última instância, aprovar ou não o trabalho realizado. Acontece que o chefe é sempre responsável pelos seus subordinados. Algumas vezes o dirigente, seja de uma fábrica ou de um partido político, só quer ser considerado responsável pelos trabalhos realizados com sucesso, enquanto acusa os outros de responsáveis pelos fracassos.

A delegação de autoridade deve ser vagarosa, pois é preciso que o chefe saiba o que fará o subordinado quando tiver maior autoridade. Deve-se ter cuidado para não alimentar futuros tiranos. É que autoridade e poder estão associados e o poder, algumas vezes, é utilizado de maneira destrutiva. Quem nunca teve autoridade e a recebe sem estar preparado para exercê-la, pode não compreender seus limites e exceder-se em suas atribuições.

O excesso de trabalho pode sobrecarregar o chefe, levando-o a uma tensão desnecessária (*stress*). Nessa circunstância o indivíduo pode trabalhar muito, mas renderá muito menos que em condições normais.

Por isso, além de delegar trabalho, o verdadeiro líder deve formar assistentes capazes de agir por conta própria, obedecendo a um suave estímulo. Se ele delegar o trabalho, mas ficar prisioneiro de todos os detalhes, vai achar que é mais vantajoso fazer tudo, pois viverá vigiando os outros para que realizem as tarefas com perfeição, criando uma sobrecarga para si mesmo e até hostilizando os subordinados.

Delegar é uma tarefa que exige consciência. Comece por diferenciar o importante e o insignificante. Primeiro, delegue as decisões de menor importância, os detalhes repetitivos das tarefas que mais o aborrecem. Depois de delegar aquelas tarefas menos importantes, não deixe seu funcionário esquecido. Observe-o, elogie-o se conseguiu assumir as novas responsabilidades e esclareça suas dúvidas, reorientando-o se não agiu de maneira competente.

O dirigente deve ter em conta que é preferível delegar a cada funcionário as novas tarefas relacionadas com aquelas que ele já vinha fazendo, pois possui experiência na área, e todos sabemos que a experiência é fundamental para sair-se com êxito. Pode também estudar as áreas de interesse do empregado e ver quais novas responsabilidades podem ter relação com elas.

O chefe deve incentivar seus subordinados a trazerem, junto com os problemas, as possíveis soluções. Essa atitude, além de poupar tempo, ajudará a desenvolver a capacidade do funcionário, pois, às vezes, as pessoas fazem perguntas que elas próprias poderiam responder se se dessem ao trabalho de pensar um pouco. Isto acontece não só nas indústrias, mas também nas escolas.

Alguns chefes acham que devem se rodear de pessoas com inteligência superior. Outros temem ensinar o seu trabalho a um assistente que, com o tempo, possa tomar o seu lugar; por isso, preferem ficar rodeados de medíocres. O perigo existe e é inegável. Por isso, no capítulo "A Liderança de um Rei", um dos conselhos é que o líder deve ser astuto. Achamos que, se o líder souber manter o seu lugar e reservar-se o direito de fixar objetivos e dar a aprovação final das tarefas, este fato raramente acontecerá.

Liderança e Manipulação

Existem três formas de chegar à liderança:

a) Ser o líder nato.
b) Ser o líder escolhido.
c) Ser o líder indicado.

Líder nato é aquele que possui as características de carisma e comando. Não é só o fato de ele ter propensão para mandar, mas também que os outros o obedecem e o seguem. Os homens, quando dominados pela paixão do poder, sempre encontram outros mais fracos (emocionalmente imaturos) que os seguem, sentindo-se compensados pela força que o líder lhes empresta: à sua sombra, também se sentem poderosos.

O líder nato pode ficar bêbado pelo poder e começar a manipular os outros sem piedade. Chamamos *manipulação* ao fato de o líder movimentar seu grupo segundo sua vontade, semelhante ao que acontece no teatro de bonecos, em que estes são movimentados por fios. Assim, transformam os homens em marionetes. Ao mexer-se, dão a impressão de tratar-se de pessoas que se autodeterminam, mas a realidade é outra: existe alguém, detrás das cortinas, que está mexendo os fios e guiando o espetáculo. O problema do líder manipulador é que mexe os fios para o seu benefício pessoal, aproveitando-se dos outros e usando-os para seus próprios fins.

O líder escolhido é típico das sociedades democráticas. É eleito. Identifica-se com os ideais de seu grupo e o representa. Mas, às vezes, acontece que certos homens sem princípios fingem identificação — por exemplo, com um grupo político — para chegar ao poder, tornando-se manipuladores, pois seu desejo é dominar e não cooperar.

Como diz o escritor francês Jean Bélanger sobre o falso líder político: "Apresenta-se como amigo do povo, desse povo que é declarado soberano três a quatro semanas antes de uma eleição importante, para depois ser esquecido por três ou quatro anos". Este é o perigo da democracia. Porém, a democracia é um sistema de governo aberto que permite que todos possam candidatar-se aos cargos para serem escolhidos pelo povo. Até agora, é a melhor forma de governo que o homem conhece, pois dá liberdade e oportunidade de forma igualitária.

Os líderes indicados são característicos das empresas modernas. Quando um empregado entra numa empresa, sabe que trabalhará sob a supervisão de um chefe. O líder procura coordenar os objetivos do grupo, mas segundo a política da empresa. Ele é o elo entre os interesses do grupo que dirige e os da empresa. Deve aproximar os interesses dos subordinados dos interesses dos seus superiores. A capacidade do líder de guiar o grupo segundo a finalidade da empresa lhe demonstrará se atingiu o êxito.

Qualquer um dos três tipos de líder enunciados (nato, escolhido ou indicado) pode ser manipulador. Mas o terceiro tipo, o indicado, por ser imposto, mais dificilmente que os outros dois converter-se-á em manipulador do grupo.

CAPÍTULO IV

Liderança e Controle Mental
O Tempo

Liderança e Controle Mental

O executivo moderno deve aprender a manter sua mente positiva e não se deixar abalar pelas circunstâncias adversas. Podemos perguntar como se programa a mente positivamente. Cada pensamento, cada sentimento, cada idéia vai sendo programada por um destes dois fatores: *a*) uma emoção muito forte (que pode despertar por pensamentos ou por sugestões externas), ou *b*) a persistência de pensamentos com uma mesma intenção.

a) Neste caso, a pessoa se deixa impressionar pelo meio, escuta comentários terríveis sobre a economia do país, e se deixa levar pelo temor. Some-se a isso a pressão que exercem a família, os amigos, as reportagens em revistas, jornais e televisão e teremos o temor, como um fantasma, projetando-se no caminho.

b) A persistência de imagens negativas. A pessoa pensa constantemente que não irá sair-se bem, martiriza-se com imagens de fracasso, cria pensamentos de incapacidade, persiste em sua idéia de derrota.

Para vencer numa determinada função, como para vencer na própria vida, as atitudes são as mesmas: competência, autoconfiança, coragem e força interior. Algumas pessoas contam com elas; outras, devem trabalhar para adquiri-las.

Para gerar uma atitude correta para o triunfo devemos lembrar de Myamoto Musashi, que escreveu que triunfo não é dado por uma espada longa ou curta, mas que somente o espírito da vitória dá a vitória. Para criar esse espírito e vencer, utilize sistematicamente essas técnicas:

1. Não se deixe envolver em conversas negativas. Afaste-se das pessoas que só falam em problemas e vêem obstáculos em todas as atividades humanas. Se for um familiar ou companheiro de trabalho e não puder evitá-lo, então procure uma frase que possa agir como auto-sugestão positiva, e repita-a mentalmente enquanto a pessoa estiver falando. Por exemplo: "Nasci para vencer", "Sou um triunfador", "Meu caminho está semeado de vitórias".

2. Evite falar dos problemas (a não ser em reuniões específicas para buscar soluções). Procure não incentivar as idéias de medo e desconfiança.

3. Não se identifique com os que fracassaram.

4. Escolha seus amigos entre os triunfadores e nunca fale mal daqueles que obtêm o sucesso.

5. Trabalhe sua mente para adquirir autoconfiança em todos os sentidos; pense em você mesmo como alguém que nasceu com boa estrela, para realizar grandes coisas; incentive a fé na sua própria capacidade.

6. Elimine da sua mente os termos *fracasso* e *azar*. Não pense nem utilize essas palavras nas conversas cotidianas.

7. Escreva num caderno suas qualidades, as coisas que consegue realizar sem dificuldade, as habilidades que está começando a dominar e descreva os momentos em que se sentiu um triunfador e os tipos de atitudes que tomou.

8. Crie uma imagem mental positiva, utilizando a imaginação criativa.

A seguinte técnica pode ajudar a iniciar o processo:

Procure um lugar silencioso e pouco iluminado; pode ser o próprio quarto, a sala. Fique comodamente sentado ou deite de costas. Primeiro relaxe, deixe o corpo e a mente em profundo descanso. Então imagine que seus familiares e amigos o cumprimentam pelo êxito, e agradeça. Deixe a mente em branco. Depois, lembre de alguma vez em que teve sucesso e afirme que o êxito o acompanha. Repita mentalmente três vezes: "Eu nasci para triunfar". Imagine uma agradável sensação de bem-estar em todo o corpo e relaxe... permaneça tranqüilo e sereno. Em seguida, comece a mexer os pés e as mãos lentamente. Conte até cinco e abra os olhos. Sua técnica de visualização chegou ao fim.

Esta prática deve ser realizada somente uma vez ao dia (duas no máximo) e depois esquecida. O melhor horário é ao deitar, quando você começa a adormecer. Não tente pressionar a mente para que dê um resultado mais rápido. O subconsciente não opera dessa maneira, ele não reage por coação. O poder das técnicas de imaginação criativa não depende do tempo empregado, mas sim da perfeita paz mental e da nitidez das imagens projetadas.

O Tempo

Um dirigente deve ter uma consciência aguçada do tempo. Bem dizem popularmente que "tempo é dinheiro"; porém, algumas pessoas, esquecendo esta verdade, jogam fora minutos e horas como coisas de pouco valor e quando observam o caminho percorrido vêem, com tristeza, que jogaram fora a própria vida.

O tempo deve ser utilizado em sua totalidade. Isto não significa que é preciso trabalhar as 24 horas do dia, mas sim trabalhar com eficiência e, no momento de descansar... simplesmente descansar. Um descanso profundo é atingido quando o indivíduo permanece passivo ou em quietude nos planos físico, psicológico e mental. O relaxamento é de vital importância para reduzir as tensões físicas e psicológicas, pois o *stress* não é só fruto de uma tarefa árdua, mas especificamente de um trabalho emocional intenso que não consegue voltar ao equilíbrio. O indivíduo nesse estado já levanta com sensação de cansaço, dores musculares e pouca disposição para enfrentar o dia.

A zoóloga Joan Herbers, da Universidade de Vermont, e os zoólogos Graig Packer e Anne Pusey, da Universidade de Minnesota, estão de acordo em que os animais descansam a maior parte do tempo, pois se deixam dominar pela inércia, mas no homem o trabalho árduo também constitui uma exigência do hábitat que ele criou para si próprio (mesas repletas de relatórios, telefones chamando, computadores, entrevistas, reuniões de diretoria). É evidente que o ambiente é ameaçador, que a pressão pode ser superior à capacidade de resistência. Se, ainda, o indivíduo submetido ao sistema complexo da empresa moderna chega ao "lar, doce lar" e, em vez de dedicar-se a tarefas relaxantes como correr, fazer jardinagem ou tirar uma soneca, permanece pensando nas tarefas executadas ou nas que deve executar, chegará um momento em que sua resistência, em nível físico e psicológico, ficará seriamente comprometida.

Quando se está nervoso ou tenso, os músculos e órgãos do corpo são pressionados. Se a pessoa fica tensa mas depois relaxa, a parte afetada voltará a seu funcionamento normal. Porém, se durante anos continua a proceder do mesmo modo, chegará um momento em que as células não conseguirão voltar ao seu estado de equilíbrio, sobrevindo a doença. E um executivo doente não terá capacidade de analisar fatos e tomar decisões como sua função exige, ou seja, não conseguirá um desempenho satisfatório.

Em síntese:

O LÍDER DEVE APRENDER A POUPAR-SE

Um antigo relato oriental conta que um mestre de zen-budismo, ao ser interrogado sobre sua condição de mestre, disse: "Eu, quando como, como e quando durmo, durmo". Entre risos, responderam que todo mundo faz o mesmo. Mas o mestre assinalou: "Não, vocês comem pensando em outra coisa e quando dormem sonham, porque a mente permanece cheia de imagens". O sábio oriental parece aconselhar-nos a ter o pensamento no mesmo lugar que o corpo, e sabemos que geralmente o plano físico e o plano mental estão um longe do outro.

Pois bem, o líder deve cuidar de sua saúde em nível físico, emocional e mental. Uma das formas para manter um estado de equilíbrio é não sobrecarregar-se com tarefas de outrem. Por exemplo: no Rio de Janeiro conhecemos um senhor, sócio majoritário de uma empresa de porte médio, que costumava ir até o banheiro para ver se o papel higiênico estava colocado com a ponta para fora ou para dentro. Aparentemente o homem estava em tudo e controlava a situação, mas na realidade assemelhava-se mais ao *factotum* da cidade (como na ópera bufa *O Barbeiro de Sevilha*, de Rossini) do que a um verdadeiro chefe.

O executivo competente sabe procurar bons colaboradores, delegar poderes, motivar para um esforço conjunto e também utilizar seu tempo livre para um bom descanso físico e mental.

CAPÍTULO V — *Os Sete Tipos de Líderes*

Os Sete Tipos de Líderes

Cada ser humano pode desenvolver suas potencialidades interiores e converter-se em um bom comandante se souber aproveitar suas tendências. Para isso será preciso conhecê-las. Com a finalidade de auxiliar no caminho do conhecimento de si mesmo, daremos uma divisão chamada "os sete temperamentos", que nos falará de sete tipos diferentes de líderes.

1º Temperamento: Vontade-Poder

É o líder forte e carismático, capaz de persuadir e convencer. Seu estilo é enérgico, típico do orador que sabe o que quer transmitir. Quando desafiado, surge sua potência escondida. Ele gosta do desafio, pois lhe dá oportunidade de lutar e vencer.

Pode exagerar no seu desejo de mando. Sempre quer o primeiro lugar. Só se sente feliz quando lidera. Gosta de decidir sozinho, ainda que depois possa dar esclarecimentos e motivar o grupo para conseguir apoio.

As pessoas do 1º Temperamento consideram que o fim justifica os meios. São agressivas e desejam chegar ao topo, ainda que seja esmagando os outros. Fazem lembrar uma historieta da Mafalda, do desenhista Quino, quando um dos personagens, Manolito, filho de um pequeno comerciante, reflete: "É inútil amassar (juntar) uma fortuna sem fazer dos outros farinha".

Os chamados líderes natos são deste temperamento. Fortes e destemidos, inspiram confiança, pois sempre estão seguros do que realizam. Possuem uma autoconfiança natural que os leva a lutar até vencer.

Os homens do 1º Temperamento têm amplitude de critérios e uma psicologia prática invejável. São manipuladores. Sempre se comportam como chefes. São como soldados que nunca deixam seus postos. Sabem escutar com atenção e decidir com rapidez. Podem passar sobre os fracassos e não se deixam deter por obstáculos. Ao contrário, os obstáculos os exaltam, fazendo-os dar o melhor de si mesmos.

Crescem com as adversidades. Escutei um chefe do temperamento Vontade-Poder dizer, ao ser promovido na empresa em que trabalhava: "Meus inimigos me trouxeram até aqui..." Ele havia tido muita oposição e havia vencido todos os desafios.

Muitas das mulheres que se dedicam à política, como Margaret Thatcher, também são deste temperamento.

2º Temperamento: Amor-Sabedoria

É o líder paternalista, sempre ocupado com o bem-estar de seus homens. É democrático. Gosta de conhecer as opiniões de seu pessoal. Evita decidir sozinho. Marco Aurélio — imperador romano, que é um representante desse temperamento — dizia que era absurdo ele tomar decisões sozinho quando no Senado havia homens capazes que podiam ajudá-lo a ver melhor as possíveis soluções dos problemas.

O homem com características de Amor-Sabedoria gosta de participação, colaboração e cooperação. Como treinador, é calmo e paciente, não se irrita por ter de explicar várias vezes o mesmo assunto. Como orador também é calmo, claro e pedagógico. Numa discussão, às vezes prefere ceder para não chegar a extremos perigosos.

Tem, no entanto, muito tato e diplomacia para tratar com as pessoas. Seu único problema é que, ao enfrentar dificuldades inesperadas, parece ficar inerte, sem energia. Necessita de apoio para a ação.

3º Temperamento: Inteligência Abstrata

Capacidade para o pensamento abstrato, filosofia e matemática. Imaginação e intelecto superiores, mas pouca capacidade organizativa. Corresponde aos chamados líderes intelectuais.

Platão, o filósofo grego (427-347 a.C.), que foi um dos representantes deste temperamento, diz numa de suas cartas: "Eu, que de princípio fui tomado de avidez por uma carreira pública, ao admirar o remoinho da vida pública, e vendo o movimento incessante de correntes cambiantes, acabei por sentir-me tonto..."

Porém, escreveu livros sobre política, como *A República*, em que considera a classe política necessitada de uma educação específica, como acontece com qualquer outra profissão. Platão clama por homens educados para a vida pública. Já se passaram mais de dois milênios e seu conselho ainda não foi seguido. É o caso de ex-atores, como Ronald Reagan, nos Estados Unidos, que chegaram ao poder...

Vemos que o 3º Temperamento gosta mais do pensamento do que da ação. Sua atividade, seu campo de expressão é o intelectual.

4º Temperamento: Harmonia por Oposição

É o homem criativo, original; o artista e, também, o lutador. Sempre vê os dois lados de qualquer questão. Em oratória, gosta de utilizar o argumento e o contra-argumento. Ou seja, argumenta e refuta antes de chegar a uma conclusão.

Também é lutador, como os homens do 1º Temperamento, só que precisa de apoio, de aplausos e, quando carece de seguidores ou admiradores e as dificuldades aumentam, demonstra covardia moral.

Passa de um estado de humor exaltado a um estado de depressão, da alegria à tristeza, do êxito ao fracasso. Sempre nos extremos. Parece ter impedimentos para achar o equilíbrio. É evidente que esses obstáculos provêm de sua própria natureza.

O pintor Salvador Dalí expõe as características deste temperamento. Seus gestos eram exagerados e até teatrais, porém ele lutou até o último momento para ser autêntico, como quando se deixou fotografar com sondas no nariz.

O chefe do 4º Temperamento é intuitivo e decide mais pela intuição do que pelo mero processo lógico. Possui rapidez de raciocínio e visão aguda. Consegue convencer com seus argumentos bem-estruturados.

5º Temperamento: Inteligência Concreta

É objetivo, frio e calculista. Excelente administrador, ocupado em utilizar uma metodologia eficiente que o leve a atingir objetivos no menor tempo e com o máximo de precisão. Porém, às vezes esquece do aspecto humano.

Como chefe, é exigente; não porque deseje tiranizar, mas porque é amante da perfeição. Um gerente desse temperamento me contou em certa oportunidade: "Na empresa, tenho até um banheiro perto do escritório; para lá mando as pessoas que choram. Por mim, podem chorar; isso não me comove".

O campo de maior expressão de seu *eu* é o intelectual e não o afetivo; por isso, não reage ao pranto, que é uma manifestação emotiva.

Geralmente, seus subordinados se dividem em dois grupos: uns o admiram pela sua inteligência e capacidade; os outros o detestam por sua inflexibilidade. É o chefe que exige tarefas bem realizadas e não admite erros. Além disso, tem uma capacidade especial para detectá-los.

Por exemplo, se a secretária lhe apresenta uma carta com uma simples troca de letras em uma palavra, ele a notará de imediato e não a aceitará até ser corrigida, lembrando-a de que na próxima oportunidade deverá ler a carta com atenção antes de apresentá-la. O temperamento de Inteligência Concreta não admite a repetição de erros.

As pessoas desse temperamento podem parecer pedantes e até amarguradas pela sua busca de eficiência.

6º Temperamento: Devoção-Idealismo

É o temperamento emotivo por excelência; tanto pode adotar a postura forte do guerreiro como cair em pranto.

Como chefe, num momento é exigente e explode com facilidade; em outro, mostra-se compreensivo e paternalista. Como sua atitude é dual, passa da força excessiva a um estado de passividade visível e pode ter sérios atritos com os funcionários, que nunca sabem com que humor estará o chefe nem que atitude esperar dele.

Apóia os que lhe são fiéis e esmaga seus inimigos sem piedade. Suas determinações são fruto do fluxo emocional mais do que da análise racional.

É inteligente e intuitivo, mas suas atitudes denotam desequilíbrio emocional. Vejamos o mesmo exemplo que demos anteriormente: uma secretária comete um erro de datilografia. Como se comporta o chefe de 6º Temperamento? Se a secretária for do grupo que o apóia, dirá que não é um erro fundamental; mas se for do grupo contrário, ele pode gritar e ofendê-la profundamente, dizendo que não se pode confiar nela, pois não faz nada direito.

O 6º Temperamento tem capacidade de trabalho, responsabilidade, lealdade, honestidade; sacrifica até seus dias de folga em benefício da empresa; pode até tornar-se um fanático pelo trabalho. Seu problema é manter as boas relações humanas. Deve ser mais prudente, evitar ofender os outros e não irritar-se com facilidade.

As pessoas deste temperamento são muito exageradas, inclusive na fala. Lembro de uma professora, oradora de tipo emocional, porém brilhante, que, quando os alunos perguntaram se já havia lido determinado livro, respondeu: "Faz séculos!" Quando voltou de uma viagem aos Estados Unidos, impressionada com o bem-estar econômico do país, costumava dizer: "Lá é fácil ser rico; o dinheiro se encontra jogado na rua".

Até parece ridículo alguém falar dessa maneira, porque todo executivo sabe o quanto custa ganhar dinheiro e manter o *status*. Um comerciante dizia para seu filho adolescente, que não gostava de trabalhar e só queria ir pescar, surfar e namorar: "Meu filho, trabalhar é tão feio que até pagam a gente para fazer isso!"

Exagerar na fala, ainda que sem intenção de hipocrisia, pode desorientar o interlocutor e até dar uma idéia falsa do fato; por isso o líder deve ser prudente com as palavras, pois por meio delas se comunica e transmite seus conhecimentos e pontos de vista.

7º Temperamento: Ordem-Cerimonial

Metódico e organizado, é um administrador excelente. De temperamento equilibrado, possui uma autoconfiança inata e não precisa de aplausos para sentir-se seguro.

Não gosta de exagerar nem em palavras nem em atitudes. É sóbrio no vestir; polido e diplomático. A cortesia é parte de sua conduta diária, um hábito que cultiva. Existe nas pessoas deste temperamento certa tendência aristocrática.

Como oradores, procuram utilizar os termos com propriedade e beleza, mais interessados na apresentação do que na mensagem.

O 7º Temperamento caracteriza-se por ser metódico e até rotineiro. São pessoas pontuais, gostam da ordem e dos rituais diários, como tomar o café da manhã em horário habitual (ou o chá das cinco dos ingleses); também entregam seus relatórios nos dias e horários marcados e não faltam às reuniões.

Gostam de ambientes limpos e solenes. Nunca chegam a ter grande familiaridade com os subordinados. Cada um tem seu próprio lugar, e o homem do temperamento Ordem-Cerimonial sabe respeitar os lugares dos outros, mas também faz questão que os outros respeitem o dele.

CAPÍTULO VI

As Funções do Líder
O Discurso

As Funções do Líder

O chefe deve realizar com eficiência duas funções:

a) tomar decisões;
b) comunicá-las.

A primeira tem relação com a capacidade de raciocínio, com a experiência, e, às vezes, até com a intuição. A segunda, com a habilidade para comunicar as decisões tomadas. Se o indivíduo for do tipo introvertido, terá mais predisposição para pensar, analisar e tomar decisões do que para se comunicar com o pessoal. Se for do tipo extrovertido, ao contrário, seu forte será falar com os funcionários, persuadi-los a cooperarem.

Mas, dizíamos que um chefe competente deve ter habilidades nas duas funções. Um líder capaz de tomar as decisões certas mas incapaz de comunicá-las, terá problemas com o pessoal; a falta de diálogo ou o diálogo inadequado terá como conseqüência o isolamento, pois se as pessoas não têm confiança em seu chefe, ou nas decisões que toma (seja por desconhecimento ou incapacidade do líder de persuadir), não colaborarão voluntariamente e em muitos casos realizarão resistência passiva.

Se o chefe é ótimo comunicador, daqueles com força e carisma suficientes para fazer-se seguir, mas toma decisões precipitadas e não consegue atingir o alvo, com o tempo também ficará isolado. As pessoas perderão a fé que tinham nele. Este é o caso de muitos políticos, que são bons oradores, convincentes, mas, chegado o momento da ação, erram lamentavelmente. Não podemos esquecer que liderança exige força e inteligência. Isto porque, como já o assinalara Platão em seus livros, força e carisma de um líder, mas sem inteligência e conhecimento, podem torná-lo um indivíduo muito perigoso, capaz de levar a sua comunidade a um desastre.

Ora, a capacidade de tomar decisões tem relação com objetivos. A capacidade de comunicá-las tem relação com pessoas. Todos conhecemos as diferenças individuais; por isso, o chefe deve ser equilibrado para ser capaz de conciliar as diferentes tendências em benefício de uma maior produtividade. O líder é como um diretor de orquestra que trabalha com músicos especializados em diferentes instrumentos (violinos, violoncelos, contrabaixo, trompetes, fagotes, clarinetes, flautas, etc.) porém, com habilidade sabe dirigi-los e consegue que se harmonizem.

O interesse de liderar com eficiência não se reduz a gerentes e diretores de empresas, é muito mais abrangente: aqueles que são eleitos para presidir clubes, associações de pais e mestres, escotismo, sociedades filantrópicas, hospitais, até um simples síndico de prédio, têm de aprender a trabalhar em equipe, a liderar um grupo.

O líder deve aprender a criar uma atmosfera de trabalho sadia, direcionar o esforço comum para um objetivo, mas sem pressão desnecessária. Os faraós, no antigo Egito, tinham como símbolo do poder o chicote e o gancho. O chicote para castigar e o gancho para atrair. Assim deve ser o líder moderno, capaz de guiar com eficiência para um alvo escolhido, de superar os problemas pessoais que surjam no grupo. O dirigente trabalha com seres humanos e estes são entes imperfeitos, às vezes odeiam, sentem ciúmes, inveja, rancor, medo, ansiedade. O bom chefe deve aprender a lidar com esses elementos e se, ainda assim, conseguir desenvolver suas qualidades de justiça e tolerância, pode ver seu grupo crescer pessoal e profissionalmente. Pode até ter a alegria de ver desenvolverem-se em alguns indivíduos qualidades humanas sob sua chefia.

O que o líder necessita é ser, ele mesmo, um ser humano capaz de avaliar as possibilidades de êxito. Liderar é um desafio constante. O guia deve ter uma visão ampla, um fino tato e compreensão desenvolvida, onde se unam experiência e intuição. Capacidade de observação, de decisão, de persistência e habilidade para mobilizar os homens e conseguir seu apoio.

Da mesma forma que é preciso uma predisposição especial para cantar, escrever um poema ou pintar um quadro, liderança é arte e o líder precisa desenvolver um talento especial: o de guiar os homens.

Por isso, o estudo da oratória faz parte do conhecimento básico que todo líder deve possuir. O chefe deve ser capaz de informar e persuadir seu grupo. Os grandes líderes têm a capacidade de se fazer seguir em qualquer circunstância. Liderar é mostrar aos outros um objetivo e encaminhá-los para ele. Liderar é superar dificuldades e manter o ânimo firme. Liderar é demonstrar aos outros que possuem uma capacidade escondida e ajudá-los a colocá-la em ação. Liderar é chefiar homens comuns, mas incutir-lhes o espírito de vitória, fazendo deles verdadeiros vencedores.

O Discurso

Em diversas oportunidades o líder pode ser chamado a se manifestar sobre um tema. Entende-se que o líder está sempre preparado para discursar; por isso, às vezes é convocado sem ser consultado previamente sobre sua disponibilidade. Os altos escalões da empresa podem dizer: "Esperamos que nos represente falando sobre este assunto". Esse "esperamos"... mais do que uma solicitação é uma ordem implícita. E pode acontecer que esse chefe seguro de si mesmo, calmo e controlado, comece a tremer só de pensar em ter de falar a um determinado público. Por isso, daremos aqui algumas sugestões válidas para o orador se sair bem diante do público.

Podemos seguir as indicações do grande Aristóteles que, em seu livro *Arte Retórica*, assinala os pontos fundamentais para falar com êxito. Existem três elementos que devem ser analisados para pronunciar um bom discurso: *a*) orador; *b*) auditório e *c*) discurso.

O orador deve ter qualificações para falar em público: boa apresentação, limpeza, boa dicção, inteligência, memória, originalidade, energia, autocontrole, imaginação, cultura e, especialmente, profundo conhecimento do tema.

O auditório pode dividir-se em três tipos, cada um exigindo que o orador utilize uma técnica diferente: *a*) auditório simpático; *b*) auditório indiferente; *c*) auditório hostil.

O auditório simpático é, logicamente, o preferido de qualquer orador: ele já pensa como o comunicador, é receptivo e vibra com as propostas apresentadas. O segundo tipo de auditório já é mais difícil. As pessoas podem não querer estar fazendo parte do público; talvez estejam cansadas ou com fome; podem estar com algum problema que lhes absorve a atenção; podem ter sono ou querer assistir a uma partida de futebol. Às vezes, o auditório indiferente já conhece o tema que será abordado e não está muito interessado nele.

O auditório simpático é um auditório motivado. O auditório indiferente é uma platéia apática; o orador deve concentrar o seu esforço em despertar o interesse, em motivar as pessoas. Para isso existem alguns recursos: a piada, a anedota, a fábula e a pausa.

A piada é ótima para despertar um público sonolento, mas deve ser empregada com muita prudência para não ofender ninguém. Contar uma piada do gordo, do magro, do alto, do baixo, do português, do preto, do judeu, do careca pode ofender alguém, e esse não é o objetivo do palestrante. Além disso, a piada deve estar relacionada com o tema a ser tratado.

Num curso de Práticas de Oratória que ministramos aconteceu um fato interessante. Um senhor de meia-idade, inteligente e culto, professor universitário, era considerado pelos companheiros como irônico. Numa das práticas que os participantes realizavam ele falou a respeito da ironia. Logicamente, despertou a atenção do público, todos ficaram atentos a suas palavras. Começou dizendo que, por sorte, a ironia não era hereditária, pois, se o fosse, já existiriam pessoas pensando em esterilizar os irônicos. Este posicionamento fez o pessoal rir alegremente, conquistou o público. Assim, o bom líder deve aprender a não fugir dos problemas. Se eles existem, não devem manter-se ocultos; no momento oportuno, é preciso que sejam examinados.

Chegamos agora ao público temido, à platéia hostil. Esta é uma platéia agressiva. Cuidado com ela! As emoções estão à flor da pele. Um auditório adverso é como um rio a ponto de transbordar. O orador deve ser muito prudente, calmo e objetivo. O público hostil já está motivado, só que contra as idéias do orador, seja porque não lhe agrada a sua personalidade, seja porque ele vai falar de algum assunto que os presentes não desejam ouvir ou, simplesmente, porque estes já estão convencidos de que a verdade é justamente a proposta contrária àquela que o comunicador sustenta.

Nunca se deixe levar por emoções diante de uma platéia hostil, isto é, se você quer continuar vivo depois de terminar a exposição... Em alguns livros podemos ler: "Para chamar a atenção, comece com uma bomba". Mas nunca com um público adverso! Se você começar com uma bomba, quem vai explodir e ficar em pedaços será você mesmo. Por isso, seja prudente, comece devagar, demonstre as duas questões sem paixão, analise os prós e os contras de cada posicionamento. Demonstre, com calma, que só quer examinar o assunto à luz da verdade; não se deixe levar pela emoção. Mantenha-se calmo; o equilíbrio é fundamental nestes casos. Faça uma longa introdução, esclarecendo o que vai ser analisado e por quê. Coloque diante dos olhos dos presentes as duas teses, demonstre com objetividade o que pode oferecer cada uma delas e só antes de finalizar diga qual é a sua posição e o que o levou a decidir-se a favor dela.

Chegamos agora ao assunto. O líder deve ter qualificações para falar, ou seja, deve conhecer o assunto em profundidade. Primeiro precisa pesquisar, depois selecionar os dados eliminando os desnecessários e, por último, organizar sua preleção ou conferência. Deve trabalhar um esqueleto do discurso, mas sempre deixar algo para a inspiração do momento. Nunca decorar o discurso como se se tratasse de um poema, porém estudar com afinco para se sair vitorioso.

Resumindo: o orador estuda, analisa e pesquisa o tema, mas se tiver um auditório simpático selecionará os tópicos mais empolgantes. Se o auditório for indiferente, tentará fazer humor, ou empolgar mediante uma informação desconhecida da maioria, por exemplo, desde que seja relacionada com o tema. Se o auditório for hostil, estudará sua postura e o posicionamento do adversário para compará-los objetivamente e demonstrar por que escolheu um em vez do outro.

Um conselho: respeite o limite de tempo, não "estique" sua palestra dando a impressão de que será eterna. Contam que o filósofo Diógenes, ao ver um orador lendo interminavelmente para um público já cansado, ao descobrir que estava prestes a acabar de ler a última folha e terminar a exposição, gritou: "Ânimo, pessoal, já estou vendo o chão!"

Uma das características do líder é a eloqüência. Sua voz e seus gestos são adequados e estão de acordo com as regras básicas da oratória: gestos espontâneos mas não viciosos, volume de voz alto para que todos possam ouvir e inflexão de voz coerente com as frases que está pronunciando.

CAPÍTULO VII

As Cinco Perguntas Fundamentais

O Poder de Persuasão

As Cinco Perguntas Fundamentais

Para facilitar a preparação do seu discurso faça as cinco perguntas fundamentais:

Quando? Onde? Por quê? O quê? Como?

Quando? Em que momento ministrará sua palestra? Pela manhã ou à tarde? Em que estação? No verão ou no inverno? O frio ajuda o trabalho e a concentração, enquanto o calor nos chama a "curtir" a natureza, seja o campo ou a praia. O clima tem influência sobre as pessoas. Se o ambiente é quente, as pessoas vão se distrair com maior facilidade; assim, é conveniente uma exposição mais informal.

Veja se vai ser pela manhã, à tarde ou à noite. Em princípio, para vestir-se de acordo com a oportunidade: mais esportivo durante o dia, mais social à noite. Além disso, de manhã as pessoas, depois de um sono reparador, estão mais atentas. Quando o discurso deve ser pronunciado à noite, as pessoas que assistem podem mostrar-se mais cansadas, não por causa do orador, mas em virtude da jornada de trabalho.

Onde? Refere-se ao auditório: será pequeno, para poucas pessoas? Então, o clima deve ser íntimo. Será um salão de grandes proporções e para muitas pessoas? Então, o líder deve utilizar um volume de voz mais alto e demonstrar domínio e segurança. O patético é ideal nestes casos. Chamamos patético à arte de comover o público, apelando para as emoções.

Mas o que fazer se o lugar está preparado para duzentas ou trezentas pessoas e temos dez ou quinze presentes? Neste caso, convide-os, com cortesia, a se reunirem o mais próximo possível do orador para que não fiquem espalhados pelo auditório.

Por exemplo, fomos convidados para assistir a uma palestra sobre "Filosofia Existencialista". No salão podiam agrupar-se no mínimo 150 pessoas. As cadeiras eram móveis, de plástico branco. Infelizmente, os presentes não chegávamos a dez. É lógico, filosofia existencialista nesta época... Não é um tema que empolgue o pessoal, que está mais voltado para a vida prática, o "ganha-pão", a política, a ecologia. Pois bem, o conferencista, com muito bom humor, depois de apresentado, desceu do palco, pegou uma cadeira e solicitou fazer um círculo para poder iniciar o tema de forma mais livre. Foi quase uma conversa entre amigos, mas muito instrutiva. Ao terminar, todos aplaudimos. O orador merecia.

Por quê? Em alguns casos o comunicador deve explicar ao público por que vai abordar determinado tema, e sua importância. Em outros, quando não existe apresentador ou foi mal apresentado, o orador deve demonstrar que está qualificado para dar a palestra. De maneira sucinta, relatará aos presentes sua experiência de trabalho na área e sua formação acadêmica.

O quê? Aqui se alude ao tema que vamos apresentar, o que sabemos a respeito e o que selecionamos daquilo que sabemos. Vocês verão que o caudal de conhecimentos que possuem vai crescendo com o tempo. Por isso, vão ter de selecionar cada vez mais os dados, pois é preciso obedecer ao horário e não se deve deixar as pessoas confusas por ministrar muitas informações e de maneira desorganizada. Então, voltamos a repetir: seleção e organização são elementos vitais para um bom discurso.

Um exemplo pode esclarecer o assunto: o leitor pode ter vinte anos de experiência numa área de trabalho e de pronto ter de sintetizá-los em uma palestra de uma hora. Pensem bem: a experiência de vinte anos em sessenta minutos! Parece impossível. Pois bem, escolha apenas aqueles elementos mais importantes, que serão de maior utilidade para os ouvintes. Nessa oportunidade, coloque-se na "pele" do auditório e pense: O que procuram? Que parte de minha experiência lhes pode ser útil?

Como? Aqui se trata de ver os instrumentos com que conta o orador. Sabemos que em oratória são dois: a voz e os gestos. A voz deve ser clara e as inflexões devem ser utilizadas para evitar a monotonia. Os gestos devem ser naturais, para acompanhar as palavras: ora mais enérgicos, ora mais calmos.

Também pode existir material didático: livros, cartazes, quadro-negro, filmes, retroprojetor, *slides*. Mas nunca coloque o filme e depois explique. Inicie sempre com uma conversa esclarecendo a finalidade de apresentar determinado filme, para não deixar as pessoas confusas.

Vejamos agora os gestos. Sabemos que os gestos naturais são os que podem levar ao êxito, pois expressam o verdadeiro ser do orador e o público gosta de um orador sincero. Porém, é preciso evitar os gestos viciosos.

Os gestos podem tornar-se viciosos quando são repetitivos, chegando a cansar a platéia. Mas o gesto também é vicioso quando inútil, ou seja, quando não expressa nada, como mexer o anel, apertar os dedos das mãos, brincar com canetas, etc. Devem ser evitados os gestos indelicados, agressivos e errados.

Analisemos alguns exemplos. Quando vamos assinalar um elemento, como o painel ou chamar uma pessoa do público, o braço se levanta e os quatro dedos estão juntos — só o polegar permanece separado. Não assinale só com o indicador, salvo a exceção, logicamente, de você ser um advogado de acusação e estar assinalando o réu. Mas, se vai apontar para um inocente painel, faça-o como explicamos antes.

O comunicador pode afirmar ou negar mexendo a cabeça. No primeiro caso, de forma vertical (para cima e para baixo) e, na negação, de forma horizontal (só para os lados). Mas, enquanto a cabeça se mexe, é imprescindível que o corpo fique quieto para não dar a sensação de que está dançando alguma música esquisita.

Se você utilizar óculos, muita atenção. Todos os que usam óculos sabem que é necessário acomodá-los várias vezes por dia, mas em reuniões ou diante do público deve-se evitar mexê-los pela parte central; é preciso acomodá-los segurando-os dos lados.

O Poder de Persuasão

A pessoa eloqüente é capaz de influenciar com suas palavras. Suas dissertações conseguem fazer com que os outros aceitem e até compartilhem sua forma de ver, seu pensamento; também conseguem dissuadir aqueles que tenham opiniões contrárias, levando-os, às vezes, até a rejeitar as mesmas idéias que apoiavam.

A persuasão pode ser diplomática ou militante. A primeira é meiga e cheia de cortesias; a segunda é enérgica. Na persuasão diplomática o orador se dirige ao auditório visando atingir os impulsos básicos enunciados no capítulo I (aumento de poder, segurança, auto-estima, etc.). Na persuasão militante o comunicador empolga dramaticamente, explora as emoções como medo, raiva, ódio. Às vezes, une o grupo contra um inimigo real ou imaginário e assim obtém a coesão do grupo que dirige.

Para persuadir é preciso cuidar muito da linguagem. Vejamos o caso do líder político: o vocabulário que emprega na persuasão desperta a emotividade; procura ser enérgico para entusiasmar com suas idéias, ou para esmagar seus inimigos. Algumas palavras estão acompanhadas de uma carga emocional que faz vibrar os ouvintes. Por exemplo: povo, inflação, progresso, fome, opressão, luta, salários, corrupção, etc.

Utiliza-se, também com êxito, dos pronomes possessivos: *Meu* povo, *Minha* gente, *Meus* companheiros; dos adjetivos hiperbólicos: *Maravilhoso! Fantástico! Colossal!*; de anáforas, que são repetições da primeira palavra (ou primeiras palavras) no início das frases do discurso. Por exemplo, Fidel Castro, num discurso pronunciado na Organização das Nações Unidas, começou com as palavras "Eu acuso" e as repetiu durante toda a alocução.

Com referência à organização do discurso: para torná-lo persuasivo podem ser utilizados diferentes métodos. É comum dividi-lo em tópicos por ordem de importância, ou demonstrando diversas facetas do mesmo assunto. Outros preferem a ordem cronológica, pois acham que narrando a causa dos problemas pode-se encontrar a solução com maior facilidade, já que existe uma conexão íntima entre causa e conseqüência.

Quanto à voz: na persuasão diplomática a voz é meiga e amistosa, mas na militante é forte e enérgica. Também os gestos acompanham as palavras e ganham as mesmas características.

PRÁTICA

Para exercitar as inflexões de voz, leia as palavras a seguir dando a cada termo seu valor emocional pelo tom adequado (alegria, tristeza, ironia, pergunta, lembrança, ódio, raiva, exclamação):

Fogo!	Flor	Morte	Alegria	Inflação
Encanto	Dor	Noiva	Monstro	Caminho
Pássaro	Escuridão	Porto	Turismo	Desprezo
Oceano	Tristeza	Natal	Socorro!	Tarde
Triunfar	Você?	Sucesso	Nunca mais!	Surpresa!
Casamento	Melodia	Morrer?	Cantar	Árvore
Chorar?	Abençoar	Barco	Esperar?	Ódio
Amar	Escutar?	Correr	Suicídio	Sonhar?
Querer	Sol	Felicidade	Pensar?	Ouvir
Música?	Livro	Medo	Arte	Teatro?
Sofrimento	Canção?	Caminhar	Cruz	Fracasso
Desejo?	Êxito	Loucura!	Visão	Horror
Temor?	Gritos...	Simpatia	Assobiar?	Sepultura
Prazer	Amanhecer?	Tempo	Deserto	Tormenta?
Vinho	Amor	Noite?	Igreja	Adeus

Sugestões: Para todo líder, a necessidade de comunicação é vital. Dela depende, em grande parte, seu êxito. Por isso, ainda que seja responsável e competente, você não pode esquecer a preparação necessária para falar com seu pessoal.

Lembre-se de procurar, para toda reunião, alocução ou palestra:

a) Saber de antemão a opinião das pessoas para enfocar o tema de uma forma interessante, esclarecer dúvidas e marcar as diretrizes.

b) Conhecer o lugar onde vai falar, providenciar o material necessário, verificar se a iluminação e ventilação são boas.

c) Organizar a exposição para não esquecer nenhum dos pontos importantes nem estender-se demais em tópicos insignificantes.

d) Motivar, demonstrando os benefícios de escolher determinadas diretrizes.

e) Antes de terminar, fazer um resumo dos itens mais importantes e das decisões tomadas na reunião, para que não fiquem indefinidos. Ainda é possível, em alguns casos, dar cópias por escrito dos mais importantes aspectos abordados.

Deve-se evitar:

a) Citar constantemente outros pensadores, dando a impressão de ter uma "enciclopédia no cérebro".

b) Colocar-se como paradigma, ou só falar de si próprio, extravasando o egocentrismo.

c) Ser o mais "sabido", para não criar oposição no grupo.

d) Fumar demais, dando a impressão de ser uma "chaminé soltando fumaça".

e) Falar mal dos outros quando não estão presentes.

CAPÍTULO VIII

Os Níveis de Expressão do Eu
Orador Emocional
Orador Mental
Orador Dominador
Programação Mental
O Bicho-Papão

Os Níveis de Expressão do Eu

O indivíduo chamado a falar em público precisa ter "nervos de aço"; isto quer dizer que não pode exteriorizar suas emoções (medo, desconfiança, insegurança, etc.), mas deve aprender a trabalhar com elas e com as do público.

Uma característica do nível emocional é sua capacidade de despertar vibrações semelhantes no público. Daí deriva a necessidade de ser sumamente cuidadoso e controlado quando enfrenta um auditório hostil. Ódio gera ódio e, como dizia Sidharta Gautama, o Buda, "o ódio somente cessa com o amor".

Vejamos como se expressa o nosso *eu* para compreender os diversos níveis de manifestação, pois, ao falar para comunidades, deve-se ter conhecimento do ser humano, de seu mundo interno, dos móveis que dirigem suas ações.

O *eu* expressa-se pela emoção (esfera afetiva), pelo intelecto (esfera mental) e pela vontade (mundo da ação).

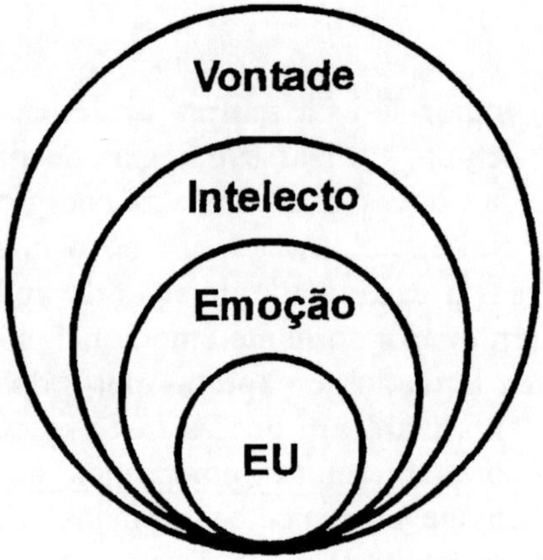

Figura 1

Quando deparamos com um orador brilhante, descobrimos que existe um desenvolvimento dos três níveis da consciência, mas geralmente não observamos uma harmonia total, e sim um maior enfoque em um desses três campos.

Orador Emocional

Trabalhando em nível afetivo, caracteriza-se pelos extremos. O orador emocional é irregular em seus discursos. Depende da elevação ou depressão de seu estado de ânimo. Ora é brilhante, eloqüente, desperta e direciona a emoção dos presentes, ora é inseguro, parece não chegar a uma conclusão válida; às vezes até reage de maneira primária ou agressiva, despertando aversão na platéia.

Orador Mental

Não se deixa levar pelas emoções. É frio e calculista. É sempre ele mesmo, calmo e controlado. Raramente levará seu público ao êxtase. Ele faz pensar, raciocinar e persuade por meio da lógica e de um ângulo de visão exposto com clareza.

Orador Dominador

Sua vontade de impor-se está sempre presente. Sabe esperar o momento oportuno, utilizar estratégias de mando e ser ousado quando se faz necessária uma voz enérgica. Domina suas palavras e seu silêncio. Invoca não só o intelecto ou a simples emoção, mas a capacidade de ação do auditório.

É difícil achar um orador somente emocional, só mental ou só dominador. O *eu* humano se expressa por todos os níveis, só que o enfoque enfatizará um desses três aspectos. Assim, o orador será predominantemente emocional, por exemplo, quando der mais ênfase ao aspecto emocional. Lembramos que os afetos se transmitem pelo tom de voz, gestos, palavras e idéias comunicadas.

A imaginação também desperta as emoções. Os movimentos da mente devem ser dominados pelo orador que deseja sair-se triunfante perante um público.

Algumas pessoas se acanham ao confessar que temem falar a um público e, se são designadas para isso, preferem inventar um compromisso ou justificar-se mediante algum problema de saúde inexistente. Mas todo ser humano teme algo. A filosofia nos demonstra que o ser humano vive como o saltimbanco do livro *Assim Falava Zaratustra*, de Friedrich Nietzsche.

O ser humano vive entre a vida e a morte, a saúde e a doença, o amor e o ódio, a alegria e a tristeza, o calor e o frio. Vive, como disse Nietzsche, numa corda fina estendida sobre o abismo.

Reconhecer que se teme falar em público e procurar os meios de dominar este amor é o caminho da superação. Por que se teme o fato de enfrentar um auditório? *a*) Porque o homem teme o homem, suas opiniões e manifestações; *b*) Pelo medo do desconhecido, se nunca falou em público, se carece de experiência a respeito. Mas um bom treinamento fará desaparecer esse medo e essa insegurança, e o orador vai se tornando mais tranqüilo e dono de si próprio.

Um professor universitário comentava, nas aulas de Oratória e Liderança, que durante dez anos temeu enfrentar seus alunos. Sentia-se inseguro. Agora, depois de vinte anos de profissão, pode enfrentar qualquer grupo com segurança e é reconhecido como bom professor, e muito querido nas diferentes turmas de estudantes que educa. O importante é que o medo deverá ser vencido para que a comunicação possa ser mais livre e fluente. Diz-se que Caruso, o cantor lírico italiano, superou seu medo do palco dizendo: "Pequeno eu, deixa expressar-se meu verdadeiro Eu".

Programação Mental

A programação mental sempre dá um fruto definido. Aquilo que se semeia vai ser colhido no momento da safra. A mente deve ser cuidada para receber o fruto desejado. Quem colocar idéias de medo ficará atemorizado, mas quem falar consigo mesmo como com a um amigo, incentivando os pensamentos otimistas de capacidade e poder, conseguirá maior autoconfiança e até o domínio da platéia.

Sabemos que a nossa mente divide-se em consciente e subconsciente. O orador deve aprender a trabalhar com ambos os níveis. Por meio do estudo, da pesquisa, do autoconhecimento cultivamos a mente consciente. Mediante a imaginação criativa, a programação mental e a auto-sugestão trabalhamos a mente subconsciente.

Crie imagens mentais de sucesso para que sua mente se programe para o êxito. Utilize frases para auto-sugestão positiva. Por exemplo: "A mente cósmica me inspira os melhores discursos", "O triunfo oratório é o meu direito", "Minha palestra será um sucesso".

O Bicho-Papão

O "bicho-papão" é um personagem antipático criado para assustar as crianças. Muitas delas, estimuladas pelos pais, vizinhos, familiares ou empregadas domésticas, sentem um verdadeiro pavor desse monstro criado pela imaginação, e que só tem a existência mental que lhe damos.

Pois bem, muitos de nós temos (às vezes desde a época de criança) um "bicho-papão" escondido, ou seja, um medo injustificado por alguma atividade; por exemplo, falar em público. Mas se a pessoa amedrontada conseguir enfrentar o "bicho-papão", este se desvanecerá, pois só existe na imaginação. Cuidado! Cresce na medida em que a idéia é sustentada. Se todos os dias um indivíduo tímido pensar em seu medo de falar em público, este temor crescerá. Então, pare de alimentar o "bicho-papão". Utilize para esta finalidade a programação mental positiva e a auto-sugestão e verá como esta forma mental se desfaz e você conseguirá ser o orador brilhante que sempre sonhou ser.

CAPÍTULO IX

Oradores Lineares e Cíclicos
O Orador Humorista
O Orador Polêmico
A Pedra Filosofal
O Inconsciente Coletivo
Os Elementos

Oradores Lineares e Cíclicos

O orador linear é aquele que segue seu raciocínio lógico até chegar a conclusões, sem afastar-se de sua linha de pensamento. O orador cíclico, pelo contrário, gosta de apresentar argumentos e contra-argumentos para chegar a uma conclusão; demonstra o pró e o contra, as duas facetas do mesmo assunto.

O orador linear pode ser excelente para proferir discursos, entusiasmar o público. Porém, o orador cíclico tem mais capacidade para o debate, porque está acostumado a ver qualquer situação sob dois ou mais ângulos e a refutar posições, ficando com aquela que sustenta.

O Orador Humorista

Sabemos que humorismo é uma questão de personalidade. Algumas pessoas nos encantam com um humor espontâneo, enquanto existem outras que nos chateiam com um humor fingido. Humor é algo de que só a mãe natureza nos pode dotar. É verdade, podemos aprender, melhorar... Mas sair-se com um ângulo diferente da questão, levando ao riso, só algumas pessoas conseguem; outras imitam.

Quando ministramos nosso curso na cidadezinha de Pitanga, no Paraná, entre os assistentes estava um médico que tinha um aguçado senso de humor. O pessoal ria para valer quando ele falava em público. Comentando o caso em uma das aulas ministradas em Curitiba, um dos presentes perguntou: "Eu sou orador religioso; será que também posso introduzir alguma piada?"

Bem, se existe um gênero de oratória que se presta pouco para o humor, é a oratória religiosa. Ela é dramática, emocional, elevada. Porém, se a pessoa tiver senso de humor e não estiver realizando um sermão e sim uma conversa mais informal com os fiéis, pode introduzir um pouquinho de humor, pois este é o sal do discurso. Todos sabem que uma comida muito salgada é prejudicial à saúde, enquanto uma sem sal torna-se insossa.

Mas a questão não ficou nesse ponto, pois o senhor ainda perguntou: "E qual seria o tipo de piada adequado para a oratória religiosa?" Lembrei de uma piada que ouvira em outro curso. Acontece que um menino muito feio escuta o padre dizer que o homem foi feito à imagem e semelhança de Deus. Olha-se no espelho e exclama: "Não pode ser... Não é possível..."

No caso da oratória religiosa, no entanto, nunca termine a piada e continue com outra coisa. No caso que acabamos de expor, o pregador poderia dizer, por exemplo, que o homem não é apenas carne e osso, mas uma alma imortal, e a essa alma se refere a Bíblia.

O Orador Polêmico

Ele gosta mesmo é de discussão. Conta-se do pensador espanhol Miguel de Unamuno (1864-1936), poeta, dramaturgo e romancista, que, quando entrava num lugar onde estivesse reunido um grupo de pessoas conhecidas discutindo algum assunto, ele dizia: "Não sei do que estão falando, mas eu me oponho". O orador polêmico também é questão de personalidade: deve ter o pensamento rápido, a visão aguda e perspicácia para perceber os problemas de diferentes ângulos. É parecido com o orador cíclico, mas enquanto este explica, o orador polêmico gosta da luta, da oposição. Ele discute apaixonadamente. Nem é preciso dizer que isto exige uma inteligência brilhante. Muitos políticos se caracterizam por serem oradores polêmicos.

A Pedra Filosofal

Todos sabem que os antigos alquimistas procuravam a pedra filosofal. Dizia-se que ela tinha o poder de transformar o chumbo em ouro. Pois esse elemento precioso, a pedra filosofal, existe dentro de nossa própria mente. É o poder da imaginação, que pode transformar os fantasmas, o medo, as lembranças negativas e os aborrecimentos em elementos positivos que nos dão a oportunidade de aprender e crescer. A vida é a grande mestra. Ela nos ensina passo a passo. Conquistamos um lugar no mundo com nosso esforço e nossa autoconfiança. Sustentamos esse lugar e triunfamos quando conseguimos acreditar em nosso poder interior. Somos verdadeiros líderes quando, como um antigo alquimista, transmutamos os elementos negros de nossa personalidade (frutos do negativismo) em ouro reluzente.

O Inconsciente Coletivo

Segundo a teoria de Carl Gustav Jung, fundador da psicologia analítica, o inconsciente coletivo "representa a possibilidade herdada do funcionamento psíquico, ou seja, da estrutura cerebral herdada. São os motivos e imagens primordiais, as conexões mitológicas que a todo momento podem reaparecer..." Ou seja, representa os conteúdos psicológicos que não são próprios de um só indivíduo, mas de uma sociedade, de um povo ou da própria humanidade.

Os Elementos

Na Antiguidade, eram estudados os elementos e suas relações com o homem. Assim, Hipócrates considerou que o tipo melancólico estava relacionado com o elemento terra, o fleumático com a água, o sangüíneo com o ar e o colérico com o fogo.

Os elementos também podem representar as características que o orador deve desenvolver para atingir o sucesso:

Terra	Estabilidade	Lei do Tigre
Água	Plasticidade	O Estanque
Ar	Inspiração	A Cana Oca
Fogo	Liderança	O Auriga
Éter	Interpretação	Aura

Terra (*Estabilidade*). É a primeira característica que um líder deve adquirir. Como fazer para remover as grades que nos cercam e nos comunicar com os outros? Para isso o orador deverá superar as barreiras dos preconceitos, das crenças, das superstições que todo ser humano carrega consigo. Assim, o homem vive como um tigre enjaulado. Cada um levanta suas próprias grades.

Mas a lei da terra também diz que para triunfar é preciso ser inalterável: não se deixar dominar nem pelo medo, nem pela ira, nem pela insegurança, nem pela hesitação. Permanecer calmo, inabalável e resistente.

Água (*Plasticidade*). A característica da água é a adaptação, a capacidade de tomar as formas das vasilhas em que é colocada. Da mesma maneira, o orador deve apresentar suas idéias de acordo com o tipo de público, modelar sua palestra com os interesses do auditório.

Ar (*Inspiração*). Ser como uma cana de bambu, como uma cana oca. A energia superior passa através do orador; ele não a detém, não cria obstruções a esta passagem. Ele deixa fluir esse vento superior que traz a inspiração.

Fogo (*Liderança*). Dominar-se a si mesmo e dominar o auditório. Como o auriga do livro *Fedro ou da Beleza*, de Platão, que dominava os cavalos, um branco (dócil) e outro preto (indócil), o orador deve aprender a conduzir a exposição. Deve existir pleno domínio em nível físico, emocional e mental (representados pelo carro, pelo cavalo preto e pelo cavalo branco). Fisicamente (carro) deve dominar a voz e os gestos. Emocionalmente (cavalo preto) deve controlar o medo e a insegurança. Mentalmente (cavalo branco) deve organizar e selecionar a fala. O orador, como o auriga, é o próprio *eu* que se expressa por meio de três campos de manifestação.

Éter (*Interpretação*). Imaginar a própria aura (campo eletromagnético que rodeia o corpo físico), expandir-se e interpenetrar positivamente o auditório. Sempre imaginar o lugar iluminado por uma diáfana luz dourada, e mentalizar que as palavras pronunciadas ecoam no coração do público, levando compreensão e informações precisas.

CAPÍTULO X

A Entrevista
O Debate
Apresentação
Como Iniciar o Discurso
Como Melhorar a Comunicação

A Entrevista

A entrevista é livre e descontraída. É uma conversa entre duas pessoas: o entrevistador e o entrevistado. Nos meios de comunicação de massa, como rádio e televisão, é um método muito utilizado porque oferece maior movimento do que a simples alocução, que é unipessoal.

A entrevista exige que as pessoas tenham capacidade de falar e também de ouvir. Muitas vezes ouvimos entrevistas no rádio (ou as assistimos na televisão) e comprovamos que o entrevistador faz um tipo de pergunta e o entrevistado dá uma resposta que não tem relação com a questão. Para que o método seja utilizado com êxito as perguntas devem ser claras, concisas e objetivas; as respostas, adequadas às perguntas.

A entrevista estimula o interesse do público, que pode obter informações, narrações de fatos, opiniões e pronunciamentos importantes. Às vezes, pode chegar até a um clima de intimidade, por exemplo perguntando-se sobre acontecimentos da vida particular do próprio entrevistado.

O bom entrevistador deve manter o nível das perguntas, sondar os aspectos importantes da questão, conduzir a entrevista com originalidade, possuir agudeza mental e rapidez de raciocínio.

Uma boa entrevista deve ser versátil, em tom de conversa. As perguntas devem levar a refletir, pois, se podem ser respondidas com monossílabos como "sim" ou "não", o público perde o interesse. Em síntese, uma boa entrevista deve ser, além de interessante, também esclarecedora.

Às vezes as entrevistas parecem sair de controle e a pessoa entrevistada comporta-se como uma vítima, enquanto o entrevistador faz perguntas capciosas. Uma sugestão para esses casos: não se deixe envolver com as perguntas; responda de forma ampla, demonstrando amplitude de critério; demonstre várias circunstâncias relacionadas com o tema.

Em outras oportunidades o entrevistado fica zangado, pois a pergunta é indelicada. Evite ficar irritado; com isso, só perderá sua capacidade de raciocínio. Acalme-se, mantenha a cortesia. Agradeça. Sim, agradeça por ter a oportunidade de expor francamente o seu ponto de vista sobre o tema penoso, em vez de ofender-se.

Faz alguns anos, quem escreve estas páginas recebeu um convite de uma emissora de televisão da cidade onde morava (Bogotá, Colômbia) para falar sobre os cursos que ministrava. Aproveitando a oportunidade, poderia também falar da filosofia da época atual. Antes de iniciar o programa, o entrevistador assinalou algumas perguntas que faria. Mas qual não foi minha surpresa quando escutei a primeira: "Por que a senhora se veste de preto?" Era verdade, meu vestido era preto. Tive de recorrer a todo o meu autocontrole para não exclamar: "Que pergunta mais idiota!" Mas respondi, com cortesia, que achava o preto elegante para vestir, além de estilizar e realçar a figura feminina.

Por isso, quando convidado a participar de uma entrevista,

seja cuidadoso... Não importam as promessas de que só se falará sobre o tema que você domina. Abra o guarda-chuva mental e esteja preparado para tudo.

O Debate

Para debater será necessário aprender a argumentar, a refutar e contra-argumentar. Os argumentos terão maior força se forem realizados com técnica e energia. Os argumentos, como já vimos no capítulo VII, podem ser explicativos, indutivos, dedutivos, por analogia ou por hipótese.

Para refutar com propriedade, primeiro ouça com atenção os argumentos do adversário. Pode anotar os pontos principais. Quando for sua vez de tomar a palavra, comece a resumir os argumentos contrários, sem se estender muito. Só exponha os pontos principais rapidamente para poder atacá-los com propriedade. Depois de refutá-los, apresente o seu argumento e conclua demonstrando porque é superior ao do seu adversário.

Demonstre que a proposta do oponente é ambígua, ou contraditória, de pouco interesse, fraca, impraticável, perigosa ou amoral. Você pode também refutar os fatos demonstrando que são insuficientes, pouco claros, deformados, muito antigos, fragmentários, preparados, ou que não têm relação com o argumento.

No caso de apresentar estatísticas, cuidado com elas! Não são absolutas. Se fizermos uma estatística entre quatro amigos que se encontram para saber quantos frangos comem por semana, dois deles costumam comer um frango por semana e os outros dois nenhum (um porque não gosta e o outro porque é vegetariano). Porém, feita a estatística, a conclusão é que cada um do grupo come meio frango por semana. Como podemos concluir, as estatísticas dão dados relativos; no caso em pauta, a metade do grupo não comia frango. Num debate, porém, é preciso, no caso de se apresentarem estatísticas, fazê-lo com muito cuidado, pois podem dar lugar a erro.

Quando se vai debater, não adianta só preparar os argumentos; é necessário também saber refutar, ou seja, estar preparado para enfraquecer os argumentos do oponente, colocar em dúvida sua validade e, se puder, demoli-los.

O debate pode adquirir caráter violento quando se trata de dois adversários políticos, discussões entre patrões e empregados ou advogados num processo criminal.

Na contra-argumentação, se seus argumentos forem atacados por serem ambíguos, dê maiores esclarecimentos. Se apontados como contraditórios, diga que a contradição é só aparente, que pode estar nos termos, mas não na idéia. Se os fatos forem atacados por serem inexatos, demonstre sua relação com o real. Se são pequenos em número, diga que são tão fundamentais que compensam seu pequeno número.

Lembre-se que manter o autocontrole é imprescindível para vencer num debate. Não se deixe envolver na conversa da outra parte; reaja com força, mas sem perder a cabeça. O líder deve ser sempre senhor de si próprio.

Apresentação

Muitas vezes, na empresa moderna surge a oportunidade de apresentar um orador, seja porque trabalha numa filial de outra cidade ou porque atua no quadro da diretoria e o pessoal não está acostumado a tratar diretamente com ele.

Mas o apresentador deve lembrar-se desse detalhe: não pode tomar o lugar do orador. Uma apresentação concisa é melhor do que uma extensa. É suficiente informar o pessoal sobre o tema da exposição, o motivo por que foi escolhido o assunto, ou seja, o interesse e a conveniência dele, e o nome completo e breve currículo do orador.

Pode-se também começar de forma contrária: primeiro dar o nome e currículo do orador e depois o tema que abordará e o interesse para os ouvintes.

Em síntese, sempre devemos lembrar:

a) Nome e sobrenome do orador. (Nunca dizer: "João Klansisky ou coisa parecida".)

b) O currículo. Deve constar um resumo com os detalhes mais importantes, como cargo, tempo que o desempenha, formação e experiência de trabalhos anteriores.

c) O assunto. Esclarecer sobre que tema vai falar.

d) O interesse. Demonstrar os benefícios que essas informações podem trazer aos presentes.

Evitar, no entusiasmo de uma apresentação brilhante, colocar elementos inexistentes, com os quais as informações cheguem a ser falsas. O orador deve ser verídico, mas o apresentador também. Nunca acrescente, por iniciativa própria, algum curso ou graduação que o orador não possui.

Cabe ao orador o cuidado de procurar um apresentador correto para que não diminua nem eleve demais sua figura. O orador não é um incompetente, mas tampouco é um semideus.

Um exemplo do primeiro caso. Alguém é apresentado com palavras como estas: "Com vocês, José da Silva, que nem sei por que foi escolhido como primeiro orador da noite". Neste caso, o próprio orador deve comunicar ao público suas credenciais, formação e experiência na área que vai abordar na exposição.

No segundo caso, como escutamos em um congresso em São Paulo: "Fulano de tal, francês, um dos melhores do mundo em sua área". Os ouvidos dos presentes ficaram atentos, mas o homem pouco tinha para dar... Possuía um conhecimento médio do tema e estava longe de ser excepcional na área, como se supõe deva ser "um dos melhores do mundo". Depois da palestra, falando com o orador, descobrimos que, embora fosse francês, morava no Brasil desde criança; por isso, falava tão bem o português. Em síntese, não representava os conhecimentos da França. O homem mal lembrava como era a cidade de Paris. A maioria do público ficou desiludida. Mas o importante é esclarecer que o problema não foi o orador, senão a falsa expectativa que um mau apresentador criou.

O orador não deve esconder sua experiência anterior, mas tampouco precisa colocar tudo o que realizou na vida no currículo de apresentação. Por exemplo, faz poucos meses recebemos um convite para uma palestra. No resumo de currículo dizia: advogado, parapsicólogo, poeta, pintor e esportista. Parecia um *pot-pourri* (como essas músicas reunidas ao acaso num *long-play*).

Pois bem, como o tema era parapsicologia, então sua formação na área deveria aparecer, e também poderia colocar advogado. E só. Poeta e pintor abrangem o mundo do artista, dão idéia de boemia e não acrescem nada ao currículo de um parapsicólogo. Menos ainda o fato de ser esportista. No entanto, se alguém o conhecer e perguntar, em plena palestra: "O senhor não é também poeta?" o orador não vai mentir; se escreve poesia pode dizer que sim e, depois, continuar sua palestra.

Ao pegar o convite nas mãos, nosso secretário comentou: "Parece que ainda não encontrou o seu lugar na vida". E tivemos de admitir que essa era a impressão que dava. Como vocês podem ver, essa imagem não beneficia um palestrante.

Em síntese, o bom orador, como o bom apresentador, cuida dos detalhes. Só menciona, no resumo de currículo que lerá ao público, as atividades mais relevantes e relacionadas com a área de exposição.

Como Iniciar o Discurso

As primeiras frases que o orador pronuncia para o auditório têm importância fundamental. De acordo com elas, o público continuará a escutar com interesse ou decidirá ficar pensando em outra coisa.

Nunca começar com uma desculpa, salvo raras exceções. Se o orador começar a palestra confessando: "Não sei por que fui escolhido..." fará o público refletir: Por que ele? A escolha terá sido errada? "Não sei o que dizer", diz um outro, e faz a platéia ficar aborrecida.

Então, como começar? Primeiro, cumprimentando o público. Um "Boa-tarde" ou um "Boa-noite" chama a atenção do público, que se acomoda na cadeira para escutar a exposição. No esquema da oratória antiga, pedia-se ao público que não cumprimentasse o orador e a este que não respondesse por estar isolado. Mas hoje em dia não é assim. A metade da platéia responde e, como dizíamos, os outros ficam atentos.

É sinal de boa educação imediatamente agradecer aos organizadores por ter sido convidado para falar àquele seleto auditório. Depois exponha seus objetivos, o que deseja comunicar. Faça-o com palavras adequadas ao nível cultural da platéia.

Como Melhorar a Comunicação

Se o orador for tímido e não se atrever a discursar em público, aconselhamos a leitura de *Vença a Timidez — Técnicas de Superação Dinâmica*, de nossa autoria.

Para aqueles que falam, mas não sabem como superar suas limitações, colocamos alguns exemplos que poderão servir como um espelho.

Quando ministrava o curso em Medellín (Colômbia, 1976), havia um jovem estudante de direito que tinha o costume de perguntar em voz alta, durante suas exposições orais: "Que vou dizer agora?" e continuava a falar, mas em poucos minutos voltava a repetir: "Que vou dizer agora?", levando os companheiros ao riso e prejudicando-se.

Para ajudar a superar o problema, que era um obstáculo para uma boa exposição oral, aconselhei-o a empregar o seguinte método:

a) Gravar suas exposições para perceber que repetia a frase. (Ele mesmo riu, confessando que não sabia que a pronunciava com tanta freqüência.)

b) Desviar a atenção criando um novo condicionamento. Para atingir esse objetivo, cada vez que descobrisse que iria pronunciar a frase "proibida" deveria parar, fazer um silêncio e caminhar um passo. (Confessou que, na realidade, repetia "O que vou dizer agora?" para se dar tempo de pensar.)

c) Então, ele aprendeu a preencher o silêncio com um olhar, um sorriso ou com outras frases-modelo que deviam ser empregadas conforme a oportunidade. Foi um trabalho intenso para o jovem, mas em poucas semanas obteve êxito. Seu triunfo lhe deu maior autoconfiança e otimismo. Suas notas nas provas orais melhoraram muito.

Outro caso marcante foi o vivido por uma assistente social recém-formada que trabalhava numa empresa de grande porte, e que fora encarregada de dar palestras sobre diversos temas como higiene, saúde, alcoolismo, drogas e prevenção de acidentes. Veio preocupada, queixando-se: "Enquanto eu falo, o pessoal fica lendo o jornal". Solicitei que trouxesse o esquema da próxima palestra. Apresentou quase dez folhas cheias de dados estatísticos e técnicos. Aconselhei-a a deixar de lado a maior parte do tema preparado e só trabalhar um rascunho básico com os dados importantes, dando espaço para a improvisação e as perguntas. Sugeri ainda iniciar a palestra deixando que o pessoal ficasse lendo o jornal, mas solicitando gentilmente que o emprestassem para que pudesse ler em voz alta as manchetes até chegar a um tema condizente com a palestra.

A moça colocou em prática a estratégia. O grupo ficou surpreso e reagiu com risos e murmúrios. Mas quando leu a notícia de "assassinato por alcoolismo" começou a se aprofundar no tema. Todos ficaram atentos, fizeram perguntas, comentaram casos conhecidos, apontaram soluções. A palestra foi um êxito completo e até o gerente foi cumprimentá-la pelo sucesso obtido, pois escutara os comentários.

Conclusão: todo ser humano com capacidade média pode ser um bom orador e um verdadeiro líder. É só aprender a ver onde se encontra o problema e aplicar as estratégias para atingir soluções satisfatórias.

CAPÍTULO XI

Técnica do Silêncio Integral
Cuidando do Corpo
Obstáculos para Emagrecer

Técnica do Silêncio Integral

Para atingir um perfeito descanso físico e mental, existe uma prática muito antiga que se baseia na quietude e no silêncio.

Num quarto tranqüilo e em penumbra, você pode sentar-se comodamente ou deitar-se de costas, seja sobre um cobertor, no chão ou na cama. Primeiro movimente a cabeça para o lado direito, vagarosamente, depois para o lado esquerdo, repetindo: "Estou relaxando... estou relaxando..." por três vezes consecutivas.

Então, fique quieto e tranqüilo. Não volte a se mexer. Pense: "Estou quieto como uma estátua", até que o corpo fique em estado de relaxamento. Experimente uma agradável sensação de descanso e diga que já atingiu o primeiro estágio: o silêncio físico.

Agora esqueça o corpo. Imagine seu veículo emocional tranqüilo, sem paixões; nenhum movimento emocional, nenhuma vibração; sem depressão, sem excitação, sem paixão nem ódio. Aquiete completamente as suas emoções. Pense, então, que já atingiu o segundo estágio: o silêncio emocional.

Depois, imagine que você sobe a seu nível mental. Acalme os pensamentos, não os reprima nem se deixe envolver por eles; observe sua mente, imagine que está livre, descondicionado e feliz. Pense que sua mente está em profundo descanso, livre como o espaço infinito, sem imagens nem pensamentos. Diga-se, então, que já atingiu o terceiro estágio: o silêncio mental.

Agora utilize a imaginação criativa. Imagine-se como um triunfador, sorridente, feliz, observando seu nome numa lista dos melhores da empresa.

Depois deixe a mente em branco. Não volte a realizar esta mentalização até a noite seguinte. Uma vez por dia é suficiente para reprogramar a mente subconsciente.

Cuidando do Corpo

Um executivo deve manter seu corpo e sua mente ativos. Quando o chefe é obeso, dá a sensação de ter pouco dinamismo. Custa a se mexer, e os empregados poderão ter a impressão de que é lento, ainda que não seja verdade, pois uma pessoa pode ser gorda e enérgica. Porém, para liderar com êxito é preciso cuidar também da aparência pessoal.

A seguir, vamos analisar uma forma prática de perder aqueles "quilinhos" a mais tão assustadores. Utilizaremos dois tipos de regimes ao mesmo tempo: o físico e o mental.

O físico se baseará no afastamento de uma alimentação errada: nada de massas, açúcar ou frituras. Deve-se eliminar toda gama de produtos de alta caloria; se achar necessário, consulte um médico para realizar um regime metódico.

O pensamento também pode ajudar de duas maneiras: relaxando e visualizando.

a) O *relaxamento* ajuda a superar a ansiedade, que pode levar você a se alimentar em excesso. Algumas pessoas procuram gratificar-se com comida, e vão criando o hábito... Não podemos esquecer que o hábito é uma forma de automatismo, cria uma espécie de segunda natureza. Então, a mudança de hábitos é fundamental.

Quando sentir ansiedade, não corra para a geladeira: controle-se. Prepare um lugar para relaxamento (pode ser uma poltrona na sala ou um cobertor estendido no chão em qualquer lugar tranqüilo da casa; pode ser também utilizado o jardim ou o quintal). Relaxe; você pode sentir tensão no estômago, como uma voz que lhe indica o caminho da geladeira. Não ceda. Relaxe, aprenda a lidar com a ansiedade. Saiba que fome e desejo veemente de comer são coisas diferentes. Muitas pessoas gordas estão condicionadas. O alimento funciona para elas como o cigarro para a maioria dos fumantes: é uma maneira de acalmar sua impaciência, incerteza ou angústia. Então, relaxe o corpo e a mente. Fique consciente de seu físico e comece a relaxar cada parte do corpo, da cabeça até os pés. Comece pelo couro cabeludo, a testa, os olhos, o olhar, o nariz, as bochechas... até chegar aos pés. Então relaxe a mente. Você pode utilizar a técnica do silêncio integral, analisada anteriormente.

Uma regra de ouro: nunca coma quando está em estado de irritação ou desassossego. Primeiro acalme-se, depois alimente-se de maneira moderada. Por exemplo: sabemos que no horário do cair do sol, quando as pessoas se recolhem a suas casas depois de um dia de trabalho, surge o desejo de "gratificar-se" com doces, cigarros ou álcool. É nesse momento que é necessário pôr em prática as técnicas de relaxamento e controle mental.

b) *Visualização.* O pensamento pode ajudar a criar uma nova forma mental. Desde crianças associamos o fato de comer a um prazer. Comece a pensar na alimentação como uma necessidade para manter a boa saúde. Coma devagar, mastigando lentamente; sinta o sabor de cada alimento. Jogue fora os doces, a carne gordurosa, as frituras e lembre-se daquele ditado que diz que, para manter um peso ideal, deve-se "tomar o café da manhã como um rei, almoçar como um príncipe e jantar como um mendigo".

Saboreie uma sopa de verduras pensando: "Isto é ótimo para minha saúde". Esta nova idéia irá fixando-se no seu subconsciente.

Enfatize a sensação de que uma alimentação sadia é ideal para uma vida feliz. Pense em seu organismo como numa máquina que para funcionar perfeitamente precisa do "combustível" certo. Você pode até pedir um regime para um nutricionista, mas antes deverá convencer sua mente de que essa dieta é ótima e que você está agindo certo. Lembre-se de agir sem violência. Não adianta eliminar o café da manhã para perder umas poucas calorias e recuperá-las generosamente no jantar.

Nunca pense em si mesmo como "gordo"; não reforce esse pensamento errado. Elimine essa idéia de sua cabeça. Não diga: "Vou fazer um regime para não engordar". Sua mente subconsciente registra todos os seus pensamentos e obedece. Mas, se você dá uma ordem errada, ela, como bom empregado, não discute, simplesmente a cumpre. No caso assinalado "vou fazer um regime para não engordar", a palavra-chave que fica na mente subconsciente é "engordar". Pense: "Vou fazer um regime para emagrecer" e imagine diariamente como vai ficar elegante quando eliminar esses "quilinhos" a mais. Visualize-se usando uma roupa que tenha deixado de lado quando começou a engordar ou comprando uma roupa nova bem adaptada à sua figura mais magra. Faça o quadro mental desejado e diga-se: "Esse regime está sendo ótimo para mim; meu corpo está sadio e elegante".

Obstáculos para Emagrecer

Por que alguns regimes não dão resultados? Simples: a pessoa sente-se vítima. Ela olha desesperada para um pedaço de *pizza* e pensa: "Coitado de mim; tão apetitosa e tenho que comer um ovo cozido e sem sal!" Enquanto continuar a pensar assim, sentindo autocompaixão, irá fixando no nível mental que é bom comer *pizza*, chocolate, macarrão ou qualquer outro tipo de alimento com alto teor de calorias.

Mas se o mesmo indivíduo se acostumar a gostar de uma salada, pensando: "É um alimento natural, é bom para a saúde", essa nova atitude mental vai se integrando à sua forma de vida, criando assim um novo hábito. Uma vez firmado o hábito, você não precisará continuar a convencer-se das propriedades de uma boa alimentação.

Estivemos observando os erros que as pessoas cometem ao alimentar-se: o primeiro é aquele de repetir o prato. Não esqueça de comer devagar para sentir o gosto de cada alimento. Os outros dois erros muito comuns intitulamos: Homem (ou mulher) Prova-tudo e Homem (ou mulher) Limpa-pratos.

Homem/mulher Prova-tudo: Mantém o costume de "experimentar" generosamente todos os alimentos que estão sendo cozinhados. E, se alguém da família almoçar em horário diferente dos outros membros, ele está sempre disposto a colocar um prato a mais na mesa para acompanhá-lo — medida caridosa para não deixar ninguém sozinho na mesa...

Homem/mulher Limpa-pratos: É aquele indivíduo que criou o hábito de não deixar nada para jogar no lixo. Por exemplo: se ficar um pouquinho de feijoada do almoço do sábado, pensa: "Não vale a pena guardar, mas dá tristeza jogar fora... Vou aproveitar". Assim, termina comendo em excesso desnecessariamente. Uma amiga que vi tomando a atitude de "Mulher Limpa-pratos" defendeu-se de minha observação dizendo: "Jogar fora este purê de batatas enquanto a humanidade está morrendo de fome!..." Disse-lhe que comer o resto que ficava nos pratos não era uma medida inteligente para salvar a humanidade da fome. Mas ela insistiu: "Sinto-me culpada quando jogo fora comida". Ela estava condicionada a este tipo de pensamento e, para tranqüilizá-la, contei que na Índia é costume deixar um prato cheio de comida na calçada para que qualquer pessoa ou animal possa aproveitar dele em caso de necessidade. Esta atitude agradou-a. Acredito que agora um cachorrinho de rua estará agradecendo a ela pelo gesto caridoso: além, é claro, de seu próprio estômago, que era obrigado a fazer horas extras...

Agora, um pequeno segredo: o prazer de sentir-se magro e — por que não? — de dar um pouquinho de inveja aos amigos, é passageiro. Mas a força e a autoconfiança que derivam de saber que você é capaz de autocontrolar-se são válidas para sempre. Este poder fica conosco. Vale a pena tentar, mas não esqueça: o regime deve começar hoje!

CAPÍTULO XII

O Poder de Concentração

O Poder de Concentração

A concentração foi definida como a atenção exclusiva a um objeto ou a determinado aspecto do objeto. O bom líder precisa do poder da concentração para desenvolver as tarefas com êxito. Muitas pessoas pensam em concentração como sinônimo de esforço. No momento em que afirmam estarem concentradas em algum tema, podemos observar os músculos rígidos, as rugas na fronte, o cenho franzido; acham, erroneamente, que quanto mais tensas mais concentradas estão.

A concentração é uma maravilhosa capacidade mental que, quando bem utilizada, mantém a mente ágil, ativa e diligente. Além disso, aqueles que usam a imaginação criativa para atingir os seus objetivos devem saber que, quanto maior for o grau de concentração, maiores possibilidades terão de ver seus sonhos convertidos em realidade.

A primeira orientação para conseguir uma concentração profunda, sem desgaste inútil de energia, é *não ficar tenso.* Ao contrário, antes de realizar uma tarefa intelectual é melhor praticar alguma técnica de relaxamento.

Quando o corpo está descansado, descontraído, a concentração é facilitada. No Oriente, afirmam que a concentração deve ser realizada passivamente, sem esforço, e a mente deve ficar atenta exclusivamente a um objeto, sem interrupções, da mesma forma que ao passar óleo de um recipiente para outro vemos um jorrar contínuo. Mas o pensamento deve estar calmo para atingir esse estado.

Sabemos que o interesse desperta a atenção, e a atenção sustentada leva à concentração. Ficamos atentos quando algo nos interessa. O interesse desperta a atenção e chamamos esta de atenção espontânea. Mas quando o trabalho não desperta o nosso interesse devemos aprender a desenvolver a atenção voluntária. Neste caso, a vontade e a disciplina devem estar presentes.

Quando ficamos concentrados no trabalho devemos evitar a tensão. Um dos métodos é realizar relaxamentos; outro, é o controle da respiração.

TÉCNICA

Para desenvolver o poder de concentração a prática exposta a seguir dá excelentes resultados. Siga bem as instruções, não faça variações; a técnica parece simples, mas trata-se de um ensinamento tibetano muito antigo. Para obter resultados deve ser realizada diariamente. Lembre que é uma prática curta; não leva mais de quinze minutos, divididos assim: cinco minutos para você se "desligar", cinco minutos para concentração na figura, um minuto para lembrar o exercício e três a quatro minutos para relaxar. Assim, durante dois a três meses deve realizar o exercício com disciplina e método e ao cabo desse tempo você perceberá que consegue se concentrar com maior facilidade.

Fique sentado como mostra a Figura 1, a seguir. A coluna vertebral deve estar reta. É preferível que a luz venha detrás, de uma janela ou abajur, e deve ser suficiente para ver a figura dos círculos. Empregue aproximadamente um minuto para cada parte do exercício. O objetivo da prática é melhorar seu poder de concentração. Mantenha essa idéia presente.

Coloque a figura dos círculos à sua frente, aproximadamente a 70 cm, sempre em uma altura superior a seus olhos (20 cm). Estes deverão manter um olhar ascendente.

Quando conseguir pendurar a figura em uma parede ou móvel, comece:

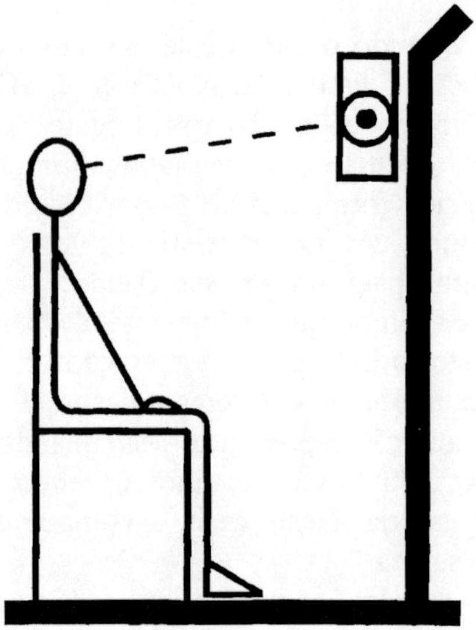

Figura 1

1º) Utilize aproximadamente cinco minutos para relaxar. Feche os olhos e relaxe os músculos; dê a ordem de descanso a todo o corpo. Quando sentir o corpo e a mente descontraídos, *abra os olhos* e fixe-os na figura.

2º) Por um minuto, observe toda a figura à sua frente. Só a figura. Não deixe os olhos vagarem por outros objetos. Domine sua mente, não se deixe envolver por pensamentos. Tente olhar a figura, só a figura. Que o seu olhar e sua mente estejam tranqüilos, olhando o gráfico.

3º) Observe o ponto central e o círculo de linha cheia. Durante um minuto centralize sua atenção neles. Esqueça o círculo externo de linhas pontilhadas.

4º) Agora observe o ponto central, só o ponto central, durante um minuto. Não deixe desviar seu olhar, não permita que sua mente pense em outras coisas. Mantenha o olhar e a mente fixos no ponto central.

Esclarecimento: Até aqui você praticou por três minutos, um minuto para cada parte. Esta primeira parte é para concen-

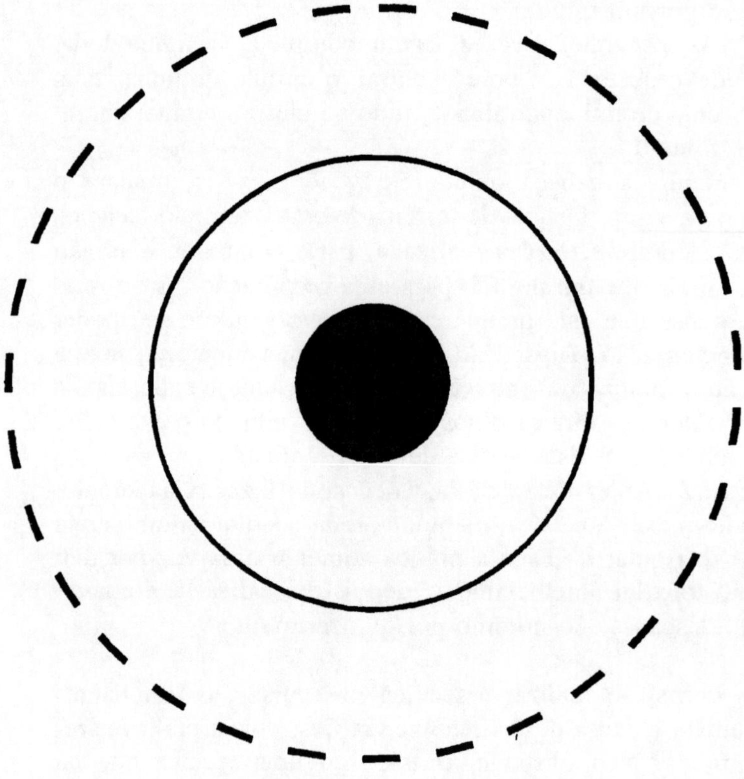

Figura 2

trar sua atenção, para fixar a mente. Agora, inicia-se um processo de abertura.

5º) Comece a ver o ponto central e a linha cheia, só não fique atento ao círculo exterior de linha pontilhada. Fixe sua atenção por um minuto.

6º) Agora volte a ver a figura completa, a figura toda. Você deve observar o ponto central, o círculo de linha cheia e o círculo de linha pontilhada, tudo ao mesmo tempo, durante um minuto.

Mantenha a cabeça quieta. Se você mexê-la, mudará o ângulo de visão. Depois de terminado esse exercício feche os olhos e lembre a técnica realizada, parte por parte. Mas não utilize mais que um minuto para essa recordação. Então relaxe, e pense que esta prática está desenvolvendo o seu poder de concentração. Diga: "A cada dia minha memória, minha atenção e minha concentração estão se desenvolvendo mais e mais". Depois, abra os olhos e dê por terminado o exercício.

Lembre-se: *a*) Esta prática deve ser realizada com os olhos abertos; *b*) Antes de iniciá-la, você pode fazer relaxamento; *c*) Evite mexer a cabeça, mantenha uma postura natural, ereta mas não rígida; *d*) Faça a prática somente uma vez por dia; *e*) Não trabalhe imediatamente depois de realizá-la, é conveniente descansar no mínimo por quinze minutos.

Às vezes, ao realizar a técnica nos cursos, os estudantes perguntam a causa destas recomendações, pois a prática parece simples. Não obstante, trata-se de uma técnica que dá ótimos resultados quando bem dirigida e diariamente utilizada. No entanto, mudanças podem ocasionar dores de cabeça e outros mal-estares. Por exemplo, um rapaz mudou a figura de círculos por uma de quadrados e se queixou de enxaqueca, mas se o leitor seguir o exercício de acordo com o indicado no livro não deve se amedrontar, pois não correrá nenhum risco a não ser o de melhorar e agilizar sua mente.

Algumas pessoas pensam que realizando uma prática por mais tempo do que o indicado no livro obterão melhores resultados, mas isto é um erro. O subconsciente não reage por coação; não adianta pressionar, agir por teimosia. Os bons resultados se recolhem quando o praticante aprender a realizar uma técnica e depois relaxar e soltar a idéia. Chamamos a isso "o segredo do silêncio", pois a mente fica altamente receptiva e abre as portas do subconsciente.

CAPÍTULO XIII

A Liderança de um Rei
Características do Líder

A Liderança de um Rei

O *Mahabhârata*, epopéia da Índia, apresenta uma guerra entre dois bandos inimigos: os Pandus e os Kurus. Os primeiros representam o aspecto positivo e os segundos, o negativo. São simbólicos, e essa guerra na verdade ocorre(u) não em solo indiano, mas especialmente dentro da mente de todo homem. O ser humano é um ser em luta até não atingir o pleno domínio sobre si mesmo. Os que desejam ser líderes devem lembrar que a verdadeira liderança é a do homem interior contra seus próprios instintos e paixões.

Num dos momentos mais importantes da obra, para aprender a governar, Yudishtira solicita a Bishma, seu velho ancestral, que havia sido comandante do bando contrário e estava perto da morte, os ensinamentos que o tornariam um verdadeiro rei, um rei justo. Resumiremos aqui os ensinamentos assinalados pelo sábio Bishma (um semideus caído na matéria) ao futuro rei.

Bishma assinala no livro que um rei deve ser, essencialmente, um homem de ação. O destino é poderoso, mas é a ação que dá forma ao destino. Destas palavras qualquer líder pode assimilar uma grande lição: de nada adianta ficar choramingando ou lamentar-se por algum fracasso. O chefe deve ser um homem de ação; então, deve colocar toda sua inteligência a serviço dela.

Bishma continua dizendo que, para receber confiança de seus súditos, o rei deve dizer a verdade, falar com coerência. Isto quer dizer: ter uma atitude impecável.

Autodomínio, humildade e justiça são qualidades de um rei. A justiça deve ser uma segunda natureza do rei. Autodomínio é um termo muito abrangente. O autodomínio permite a um rei permanecer imperturbável nas circunstâncias adversas, manter em segredo os seus planos e não fazer alarde quando obtém o êxito. Com humildade, o rei chegará ao coração do povo, porém isso não quer dizer que deva ser manso, ou "bonzinho", pois, se é "bonzinho" demais, não conseguirá impor respeito.

O autocontrole ajuda, também, a tomar atitudes corajosas. Por exemplo: quando se teme alguém, demonstrar que nada se teme; quando se desconfia de alguém, demonstrar que se confia nele. Por isso, volta a afirmar o comandante indiano, o mais alto dever de um rei é o autodomínio. O autodomínio leva consigo outras virtudes, como paciência, ausência de crítica, imparcialidade, verdade, modéstia, constância, sinceridade, calma, benevolência, compaixão e alegria.

O autocontrole fará com que o homem não fique ansioso. Ajudará, também, a evitar os quatro erros que se podem cometer ao falar; más conversas, rudeza, difamação ou injúria e falsidade.

Sabemos que existem elementos específicos que criam problemas em qualquer relação humana, seja no seio da família, da empresa, nos clubes, associações, universidades. Entre eles estão a parcialidade, o descontrole, a indisciplina, a falta de justiça, a impaciência e a violência.

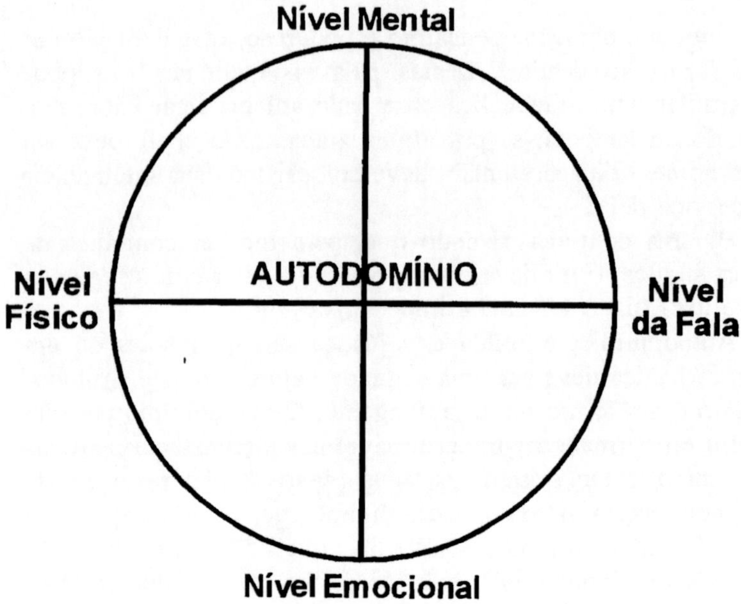

Figura 1

O autodomínio deve ser atingido em todos os níveis do ser: em nível mental, controlando os pensamentos; em nível emocional, acalmando as emoções; em nível da fala, "falando só quando as palavras forem mais bonitas que o silêncio" e, em nível físico, agindo com temperança e correção.

Com referência à justiça, podemos dizer que especialmente os subordinados (sejam funcionários, filhos ou alunos) sentem-se prejudicados quando aquele de quem se devia esperar imparcialidade e justiça comete a imprudência de demonstrar que gosta de determinada pessoa e a favorece, e que rejeita outra e a prejudica.

É lógico que, como seres humanos, é impossível cultivar o mesmo afeto por todos, porém um líder nunca deve cair no erro de exteriorizar suas preferências.

Espera-se que o chefe ocupe seu lugar com dignidade, exercendo seu poder com cautela e justiça. Por isso, o povo fica tão desiludido quando políticos nomeiam familiares e amigos para cargos que seriam mais bem preenchidos por profissionais competentes. Ser imparcial quer dizer julgar de modo desapaixonado, reto, não sacrificar a justiça à sua própria conveniência nem às conveniências alheias.

O chefe imparcial tem maiores possibilidades de analisar friamente a situação até chegar a uma conclusão válida. Esta atitude está intimamente ligada ao autocontrole.

Para atingir um maior grau de autocontrole uma das técnicas utilizadas é a chamada lista de estratégia, que poderia ser sintetizada da seguinte maneira: não faça nada que seja desnecessário. É observar nossos pensamentos, palavras e ações e ver quais são os que podem ser eliminados por serem inúteis. Faça uma lista das coisas em que você pensa e questione-se: Você é uma daquelas pessoas que almoçam e jantam falando dos problemas do trabalho? Remói acontecimentos antigos e dolorosos antes de dormir? Utiliza os momentos de lazer para falar de acontecimentos ruins?

Aparecem depois conselhos para não ser duro nem permissivo ao extremo. Por exemplo, o líder deve ser compassivo mas cuidar-se para não parecer fraco, pois se os subordinados suspeitam de fraqueza, irão se aproveitar dele. Nunca deve confiar demais em ninguém. Deve manter a cordialidade e a cortesia, porém, interiormente, não se entregar a ninguém. Inclusive, seus pensamentos mais íntimos devem permanecer ocultos até para os seres que ficam mais perto dele.

Uma característica de um rei é estar sempre alerta. Não pode ser descuidado nem indisciplinado. Deve estudar com atenção seus amigos e *inimigos*. Deve ser hábil na arte de escolher homens honestos para ocupar os cargos. Um rei deve ser astuto para permanecer no poder; se for ingênuo, será facilmente enganado.

Porém, um líder é sempre responsável pelo seu grupo. Por isso, continua dizendo Bishma, uma quarta parte dos méritos do povo é obra do rei, mas também o rei será responsável por uma quarta parte da má conduta de seu povo.

No *Mahabhârata* aparece uma teoria individualista, pois Bishma diz: "Não deverias ter dúvida alguma quanto a essa verdade: é o rei que faz a sua época, e não a época que faz o rei". Isto demonstra que um verdadeiro líder pode triunfar onde outro que não percebe a situação, ou tem menos capacidade de mando, e estaria condenado ao fracasso.

O velho rei continua dizendo que os termos "amigo" e "inimigo" são relativos. Em circunstâncias difíceis, o comportamento dos humanos se faz incerto e imprevisível; às vezes, é preciso fazer as pazes com o inimigo. Antes de aceitar um amigo, deve-se analisar sua vida, suas palavras e sua conduta. Antes de declarar guerra a um inimigo deve-se estudar suas forças e suas fraquezas.

Depois, como faria um líder moderno, Bishma afirma que o interesse pessoal é o fator mais importante na vida de todos; o mundo inteiro gira ao redor desse fator e continuará a fazêlo. Basta observar o panorama político dos diferentes países do mundo para compreender esta verdade.

Características do Líder

Em seguida, assinalaremos outras características que também são importantes para um líder se sair triunfante em sua função.

Autoconfiança: O líder não poderá tomar decisões e assinalar o alvo a ser atingido sem uma boa dose de autoconfiança. Deve acreditar em si mesmo e em seu próprio poder para conseguir enfrentar situações adversas.

Se não tiver segurança interior, dependerá das opiniões dos outros, necessitará exageradamente de apoio, aprovação e aplauso e adiará o momento de tomar decisões importantes por medo de cometer erros.

Bom humor: Um chefe sempre carrancudo assusta o pessoal. O bom humor que assinalamos aqui como desejável não tem quase que nenhuma relação com contar piadas, mas está relacionado ao otimismo, ao fato de sentir-se bem consigo mesmo, de ter alegria de viver.

O bom humor serve para relaxar quando os problemas de trabalho deixam o pessoal tenso, e cria um ambiente de cordialidade. Além disso, sabemos que as emoções são contagiantes. Um líder, para obter sucesso, deve aprender a afastar os aborrecimentos e o derrotismo, demonstrando e até contagiando com um otimismo sadio.

Competência: O bom chefe, para dirigir com eficiência, precisa ter conhecimento do trabalho a ser realizado, ou seja, ser competente. Pois, como indicará as tarefas a seus subordinados se ele mesmo não sabe exatamente o que fazer ou que metodologia seguir para atingir o que deseja?

O conhecimento profundo de sua área de atuação o ajudará a avaliar as dificuldades que os subordinados enfrentam e a dar uma orientação apropriada, que auxilie o pessoal na realização de suas tarefas.

Um líder poderia ser comparado a um maestro que conhece cada instrumento e sabe coordená-los para executar a composição musical com habilidade. O guia deve estar capacitado para organizar o conjunto e fazê-lo funcionar com eficiência.

Autenticidade: O líder deve ser autêntico. Isto quer dizer ser ele mesmo e não imitar ninguém. Como o célebre "aprendiz de feiticeiro", tudo o que o mestre faz bem, o aluno (que só imita mas não possui o conhecimento) faz mal.

Quando o dirigente imita outrem que atingiu o êxito que ele gostaria de alcançar, faz lembrar esses produtos baratos que procuram, sem êxito, demonstrar que são tão bons quanto o original.

Sabemos que o ser humano está em constante processo de aprendizado e também pode aprender a liderar. Por isso, é interessante estudar as biografias de grandes líderes para descobrir suas atuações brilhantes; observar os líderes que nos rodeiam para ver seus pontos fortes e fracos; estar disposto a aprender, sempre aprender, mas nunca imitar.

Responsabilidade é outra das características dos chefes. Responsabilidade quanto a tarefas assumidas, a compromissos, ao trabalho e também quanto à sua relação com os subordinados. Muitas vezes a responsabilidade tem de ser acompanhada de coragem, pois tomar decisões em momentos críticos exige ambas as características.

Organização é, também um item importante para chefiar com êxito. Nada mais constrangedor que um dirigente desorganizado, que não respeita os horários, que esquece seus compromissos ou que, no momento da reunião, não consegue achar a pasta na qual estava a ordem do dia. Isto reduz sua capacidade de mando e o inferioriza tanto aos olhos dos subordinados quanto dos superiores.

É impossível, para um chefe desorganizado, manter o prestígio e a autoridade necessários para trabalhar com êxito. Exija também esta característica de seus colaboradores. Só os artistas, que são mais criativos do que organizativos, podem triunfar na profissão no meio da maior desordem conhecida por um ser humano. Diz-se que Hokusai, o grande pintor japonês, alugava uma casa mas, como não gostava de limpar, quando ficava suja a ponto de ser impossível continuar a morar nela, preferia pegar suas pinturas e mudar de casa. Mas ele era artista, não executivo. Exige-se do executivo moderno limpeza, boa apresentação e capacidade organizativa.

Conhecimento dos homens, daquilo que os move e de sua personalidade é necessário para poder nomear assistentes e saber o que esperar deles. Desta maneira, o líder evita ficar desiludido pelas atitudes humanas inesperadas.

Para adquirir conhecimento dos homens, além da observação direta, que nos ajuda a chegar a conclusões corretas, podemos nos basear na sabedoria universal. Por exemplo, a teoria que Platão apresenta no *Fedro ou da Beleza* pode ser interessante e útil para a compreensão do ser humano.

Segundo a tese platônica, na cabeça existe a alma racional, no peito a alma passional e no abdômen a alma apetitiva.

A alma racional pensa, reflete, entende; a ela pertence o raciocínio, a prudência e a sabedoria.

A alma passional sente, se inflama de paixão; lá estão os desejos de amor, de glória; lá moram também o valor e a coragem.

Nas vísceras (abdômen) está a parte apetitiva; como diz a palavra, possui apetites e desejos. Por isso, é preciso cultivar a virtude e a temperança.

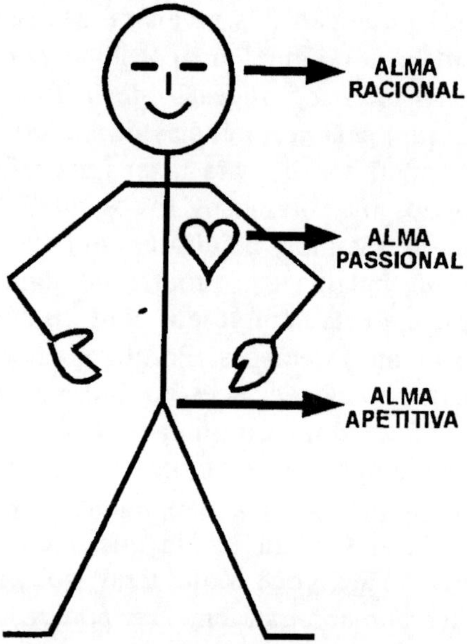

Figura 2

Para que o indivíduo esteja em harmonia, será necessário justiça entre as partes. Agora, vejamos: estas três almas existem em todo ser humano e chamam com vozes diferentes. Ora o homem se deixa guiar pela razão, ora pelos sentimentos, ora pelos desejos incontidos da gula ou da luxúria.

É difícil estas três partes conviverem em harmonia. Um exemplo nos pode levar a um maior esclarecimento. Um executivo está preparando seu relatório. Sua parte racional o está guiando, ele está concentrado no trabalho. De pronto, toca o telefone: é um amigo que o convida para sair. Acontece que ele acaba de conhecer uma "gata" e ela tem uma amiga solitária. Imediatamente entra em jogo a parte passional: ele deve trabalhar e gosta de fazer seu trabalho, mas também deseja divertir-se. Neste momento, entra outro companheiro de trabalho comendo um pedaço de *pizza*. O cheirinho gostoso da comida lhe dá água na boca, lembra que faz horas que não se alimenta. O executivo entra em conflito; suas três "almas", que são três níveis de seu ser, possuem tendências diferentes: a racional o aconselha continuar trabalhando; a passional lhe faz a sugestão de ir divertir-se e conhecer uma garota que, pelas referências do amigo, deve ser sensacional; a parte apetitiva diz para fazer uma refeição.

Um dos mais famosos livros da Índia, o *Bhagavad Gita* (Canto do Senhor) inicia-se num campo de batalha. Esse campo de batalha é o próprio homem. O ser humano é um lutador, ele está sempre em conflito com seus desejos, duvidando de suas decisões. Porque é impossível fugir, a vida o empurra a tomar decisões em todos os campos. Às vezes, na dúvida entre dois caminhos, escolhe uma estrada e depois acha que a outra era melhor. "Estou perdendo algo de bom", diz para si mesmo. Por isso, acreditamos sinceramente no que disse Sócrates a um jovem que vacilava entre casar e ficar solteiro: "Faça você o que fizer, você irá se arrepender".

O ser humano está em luta porque seus desejos estão em conflito. E ele mesmo está em conflito porque, longe de ser uma unidade indivisa, está dividido por natureza; seu ser possui vários níveis de manifestação: tendências em nível físico, emocional e mental, sem contar a mente consciente e a subconsciente.

A psicologia moderna fala de uma "pluralidade" de egos: o ego familiar, o ego profissional, o ego social, etc. O executivo moderno deve escolher constantemente e sabemos que, quando se apresentam dois caminhos, sempre existe o medo de escolher o errado. Por isso, o líder precisa de coragem e de conhecimento prático dos homens.

Energia: O chefe deve ser enérgico em suas tomadas de decisão. Essa energia e dinamismo são contagiantes. Deve saber fortalecer o seu grupo no momento em que algum ou alguns de seus homens fraquejarem.

Originalidade: O guia não deve limitar-se a seguir o caminho já percorrido pelos outros. Precisa ter suficiente inteligência e imaginação para traçar seu próprio caminho. Deve ver as tarefas cotidianas sob um ângulo especial.

Concentração: Um líder que não consegue concentrar-se nas tarefas a serem realizadas raramente obterá o sucesso. Deve desenvolver seu poder de concentração, evitando as distrações produzidas por fatores externos (como murmúrios, barulho de máquina de escrever, telefone) ou fatores internos (como medo, insegurança, nervosismo). No capítulo XII existe uma técnica específica para desenvolver o poder da concentração.

Para terminar o tema, diremos que o bom líder deve ter a coragem de tomar decisões e, depois, a persistência de levar a bom termo seus planos — sem ousadia, ficará na mediocridade. Também deve ser eloqüente, capaz de utilizar as palavras para persuadir. Porém, sua eloqüência não o leva a falar demais nem a ser superficial; ao contrário, ajuda-o a comunicar suas idéias com honestidade e eficiência.

Por último, diremos que a cortesia e a paciência o ajudarão a conquistar a boa vontade do grupo que dirige.

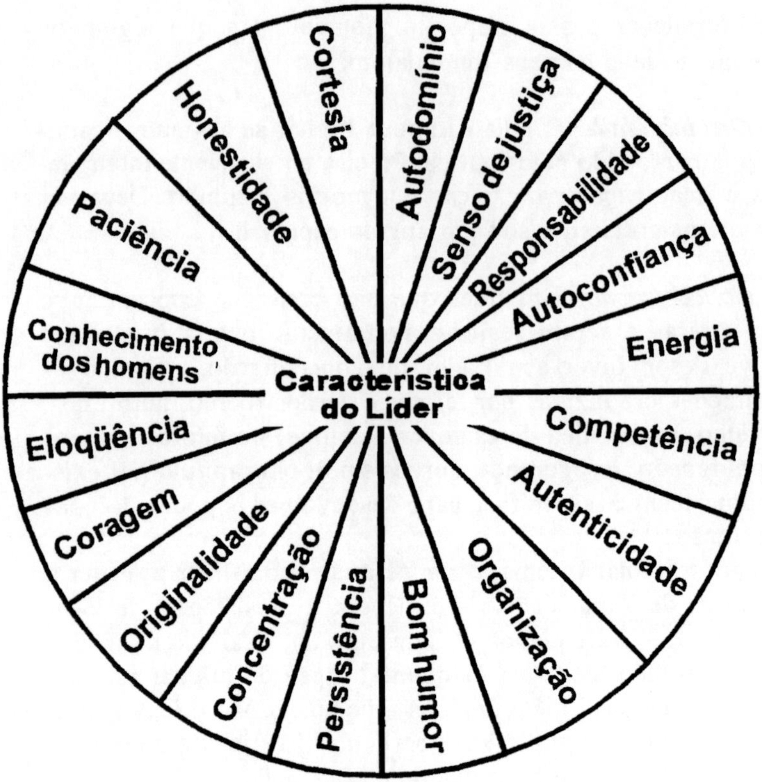

Figura 3

O VERDADEIRO LÍDER

Algumas pessoas dirão: "Eu conheço grandes líderes que não possuem todas as características assinaladas neste livro". Pois bem, o líder é superior a qualquer classificação. Ele é um ser vivo, e a vida é movimento, enquanto para efeitos de estudo realizamos esquemas que nos permitam compreender a natureza da liderança.

Na Figura 4 podemos ver primeiro um rosto e depois todos os elementos que o estruturavam, soltos.

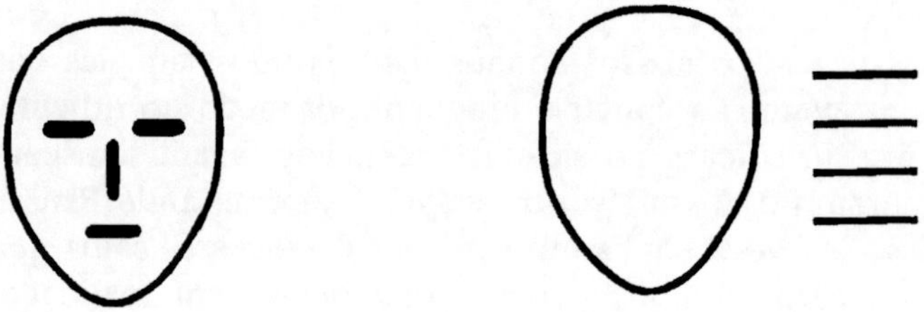

Figura 4

Sabemos que o todo é superior à soma das partes. Por isso podemos nos encantar com o charme de uma pessoa e quando alguém nos pergunta o que nos agrada nela, não sabemos responder. Não é só por causa de seus olhos, nem pelo nariz, nem pela boca... não conseguimos definir, é ela mesma que tem magnetismo. O mesmo acontece com o líder. As características que assinalamos podem nos dar uma idéia da potencialidade do dirigente, porém cada líder é único e irrepetível.

O verdadeiro líder aparece nos lugares menos esperados, fortalece-se nos momentos de crise, influencia o meio ambiente, ilumina como um cometa e deixa em nossas mentes a marca de suas mensagens. O líder não é senão um guerreiro moderno. Procura liberdade de ação para poder expressar-se no mundo.

Desde a mais remota antiguidade os diversos grupos contaram com um líder (ou líderes) em nível religioso e político. O grupo escolheu uma cabeça, transformando-se em corpo, formando uma comunidade com direitos e deveres, com cerimônias místicas e superstições, com divisão de trabalho, enfim, o chefe podia herdar o cargo, ser escolhido por sua inteligência ou força, ou deter o poder como um tirano, mas o importante é que o dirigente sempre existiu.

Ao chefiar homens o líder fortalece seu impulso de auto-expressão — é a necessidade de expressar o que lhe vai no íntimo. A vida é uma grande aventura, uma viagem onde se encontram o prazer e a dor. Nesse palco do mundo surge o desejo de expressar o próprio eu, o poder criativo.

Muitas vezes, os nossos sonhos mais íntimos, aqueles que não nos atrevemos a contar a ninguém por medo do ridículo, são os que justificam nossa existência, nos fazem transcendentes, tornam o nosso "ser mais ser", parafraseando Platão.

Por isso, se você sonha em ser líder de sucesso, saiba que seus mais caros desejos podem converter-se em realidade: trabalhe com confiança, entusiasmo e inteligência. O verdadeiro líder está latente em seu interior.

Bibliografia

ANDREOLA, BALDUÍNO ANTONI. *Dinâmica de Grupo; Jogo da Vida e Didática do Futuro*, Petrópolis, Rio de Janeiro, Editora Vozes, 1982.

ARISTÓTELES. *Arte Retórica e Arte Poética*. Tradução Antonio Pinto de Carvalho. Rio de Janeiro, Editora Tecnoprint.

BARBOSA, OSMAR. *A Arte de Falar em Público*. Rio de Janeiro, Editora Tecnoprint,.

BEAL, GEORGE M. E OUTROS. *Liderança e Dinâmica de Grupo*. Rio de Janeiro, Zahar Editores, 1972.

BELANGER, JEAN. *Técnica e Prática do Debate*. Rio de Janeiro, Editora Civilização Brasileira, 1971.

BENÍCIO, URPY. *Relações Humanas, Liderança, Relações Públicas*. Rio de Janeiro, Editora Aurora, 1963.

BRASIL. *Chefia e Liderança*. Ministério da Educação e Cultura. Rio de Janeiro, 1966.

BUENO, SILVEIRA. *A Arte de Falar em Público*. São Paulo, Editora Saraiva, 1961.

CAMPOS, WAGNER ESTELITA. *Chefia, Sua Técnica e Seus Problemas*. Rio de Janeiro, Biblioteca do Exército—Fundação Getúlio Vargas, 1970.

CARNEGIE, DALE. *Como Falar em Público e Influenciar Pessoas no Mundo dos Negócios*. Rio de Janeiro, Record.

CARNEIRO, DAVID. *Elite, Liderança e Massas e as Nações Subdesenvolvidas*. Curitiba, Universidade Federal do Paraná, 1964.

CARTWRIGHT, DORWIN. *Dinâmica de Grupo, Pesquisa e Teoria*. São Paulo, EDUSP, 1975.

CERNEY, J. V. *O Poder da Comunicação*. São Paulo, IBRASA.

CHIAVENATO, IDALBERTO. *Administração de Recursos Humanos*. São Paulo, Editora Atlas, 1979.

CÍCERO. *Orações*. Rio de Janeiro, Editora Tecnoprint.
CLEMENS, JOHN K. e MAYER, DOUGLAS F. *Liderança, o Toque Clássico*. Tradução Fernando Simão Vugman. São Paulo, Best Seller, 1989.
COQUERET, ANDRÉ. *Como Dirigir uma Reunião*. Tradução M. J. Cunha. Lisboa, Editora Pórtico.
CORTRIGHT, RUPERT e HINDS, GEORGE L. *Técnicas Construtivas de Argumentação e Debate*. São Paulo, IBRASA, 1963.
DYER, WAYNE W. *Seus Pontos Fracos*. Tradução Mary Deiró Cardoso. Rio de Janeiro, Editora Record.
ELLIS, ALBERT. *Liderança Executiva, uma Proposta Racional*. Rio de Janeiro, Editora Record, 1972.
FEDDER, RUTH. *Orientação de Clubes e Grêmios*. Rio de Janeiro, Usaid, 1968.
FERREIRA, ANTONIO CARLOS. *A Empresa, como Organizar e Dirigir*. Rio de Janeiro, Editora Tecnoprint.
FRANK, LAWRENCE KELSO. *Como Ser um Diretor Moderno*. México, Editorial Diana, 1971.
FURINI, ISABEL. *Vença a Timidez, Técnicas de Superação Dinâmica*. Rio de Janeiro, Editora Record, 1991.
GEIGER, THEODOR. "Tipologia do Líder". São Paulo, *Revista de Sociologia*, 1942.
GIBLIN, LES. *Como Ter Segurança e Poder nas Relações com as Pessoas*. São Paulo, Editora Maltese Ltda., 1987.
GILBERT ILIE. *O Líder, 500 Conceitos de Liderança*, São Paulo, IBRASA, 1985.
GIRARD, JOE. *Como Vender o Seu Trabalho*. Rio de Janeiro, Editora Record.
HOFF, ANTONIO CARLOS. *Liderar: Uma Opção para Chefiar*. Porto Alegre, Escola Profissional Champagnat, 1974.
JENNINGS, EUGENE EMERSON. *O Executivo Autocrata, Burocrata, Democrata*. Tradução Oswaldo Chiquetto. São Paulo, Editora Pioneira, 1972.
JOHANNOT, HENRI. *El Individuo y el Grupo*. Madri, Editora Aguilar, 1961.
JUNG, CARL GUSTAV. *Consideraciones Sobre la Historia Actual*. Madri, Ediciones Guadarrama, 1968.
________. *Lo Inconsciente*. Buenos Aires, Editorial Losada, 1974.
KNOWLES. *Como Dessarrollar Mejores Directores*. México, Editorial Diana, 1972.
LAIRD, DONALD A. e ELEANOR C. LAIRD. *Técnicas de Delegar*. São Paulo, IBRASA.
MAC GREGOR, DOUGLAS. *Motivação e Liderança*. São Paulo, Brasiliense, 1973.
MARQUES, OLIVEIRA. *Como Vencer Falando*. Rio de Janeiro, Editora Tecnoprint.
MATOS, FRANCISCO GOMES DE. *Liderança Integrada, Um Novo Conceito de Eficiência*. Rio de Janeiro, José Olympio, 1988.
MEIRELLES, ALUSIO TELLES. *Técnicas de Comunicação, Direção e Liderança*.

MELLO E SOUZA, ROBERTO ANTONIO. *Desenvolvimento de Liderança na Empresa*. São Paulo, Duas Cidades, 1973.

MILHAM, DICK. *Caris-Mágica para Falar em Público*. Rio de Janeiro, Editora Record.

MONTALVÃO, ALBERTO. *Conheça Melhor a Si Mesmo e as Pessoas com que Trata*. São Paulo, Novo Brasil, 1971.

________. *Direção e Liderança*. São Paulo, Novo Brasil, 1979.

MUCHIELLI, ROGER. *Dinâmica de Grupo*. Rio de Janeiro, Editora Livros Técnicos e Científicos.

________. *A Condução de Reuniões*. São Paulo, Martins Fontes, 1980.

MURPHY, JOSEPH. *Como Usar as Leis da Mente*. Rio de Janeiro, Record.

________. *O Poder do Subconsciente*. Rio de Janeiro, Record.

NIRENBERG, JESSE S. *A Psicologia da Comunicação*. São Paulo, IBRASA.

NOGUEIRA, FARIA ALBINO. *Chefia e Liderança*. Rio de Janeiro, Livros Técnicos e Científicos, 1982.

PENTEADO, WHITAKER J. R. *Técnica de Chefia e Liderança*. São Paulo, Editora Pioneira, 1981.

PLATÃO. *Obras Completas*. Madri, Editorial Aguilar, 1969.

PORTO, SOBRINHO. *Antologia da Eloqüência Universal*. Rio de Janeiro, Editora Tecnoprint.

QUINTILIANO, M. FÁBIO. *Instituições Oratórias*. Tradução de Jerônimo Soares Barbosa. São Paulo, Edições Cultura, 1944.

RAMOS, ADMIR. *Liderança e Eficiência Pessoal*. São Paulo, Biblioteca de Comunicações e Relações Humanas, 1971.

RICE, A. K. *Formação de Líderes*. São Paulo, IBRASA.

RIEDEL, ARTHUR. *Hei de Vencer*. São Paulo, Editora Pensamento, 1985.

ROSKILL, STEPHEN. *A Arte da Liderança*. Rio de Janeiro, Zahar Editores, 1967.

SIMMONS, HARRI. *Falar em Público, as Técnicas Mais Eficientes*. Tradução de Sieni Maria Campos. Rio de Janeiro, Editora Record.

TOURINHO, NAZARENO. *Chefia, Liderança e Relações Humanas*. São Paulo, IBRASA, 1987.

URIS, AUREN. *Liderança*. São Paulo, IBRASA.

WITTENLERG, RUDOLPH M. *Como Ajudar a la Gente*. México, Editorial Diana, 1977.

WOLFF, WERNER. *Introducción a la Psicologia*. México-Buenos Aires, Fondo de Cultura Económica, 1964.